100 MITOS

sobre Oriente Próximo

TÍTULO ORIGINAL
100 MYTHS ABOUT THE MIDDLE EAST

Publicado por:
GLOBAL RHYTHM PRESS S.L.

C/ Bruc, 61, 1.º – 08009 Barcelona
Tel.: 93 272 08 50 – Fax: 93 488 04 45

Publicado en el Reino Unido por Saqi Books en 2005

Copyright 2005 de Fred Halliday

Copyright de la traducción 2006 de Alex Gibert

Derechos exclusivos de edición en lengua castellana:
Global Rhythm Press S.L.

ISBN: 978-84-935412-6-2

DEPÓSITO LEGAL: B. 19.650-2007

Diseño Gráfico PFP (Quim Pintó, Montse Fabregat)
Preimpresión LOZANO FAISANO, S. L.
Impresión y encuadernación SAGRÀFIC

PRIMERA EDICIÓN EN GLOBAL RHYTHM PRESS abril de 2006

FRED HALLIDAY

100 MITOS
sobre Oriente Próximo

Traducción de Alex Gibert

GLOBAL*rhythm*

Cuando le deseé buen viaje y buena suerte en su nueva vida, me respondió con frases tan típicamente musulmanas que observé: «Pero, si eres judío, ¿cómo es posible que me hables así de Dios?». El semblante se le transfiguró, se embarcó en un discurso de una elocuencia extraordinaria, y una multitud se congregó a nuestro alrededor. Sólo un *askari* parecía molesto, y me reprochó: «¿Por qué escuchas a este judío?». Le respondí que todo el mundo tenía derecho a expresarse: la mayor parte de la gente allí reunida me dio la razón. Con unos recursos oratorios asombrosos en alguien que venía del campo, el herrero proclamó la gloria de Dios, «que es el mismo para todos los hombres» y «que está presente en todo el mundo».

CLAUDIE FAYEIN,
Une française médecin au Yémen, 1951

Entrad en la bolsa de Londres [...] veréis reunidos a los delegados de todas las naciones para el bien de los hombres. Allí, el judío, el mahometano y el cristiano tratan el uno con el otro como si fuesen de la misma religión y no dan el nombre de infieles más que a los que caen en bancarrota.

VOLTAIRE, *Cartas filosóficas*, 1728

Respondí a sus preguntas lo mejor que pude. Se sorprendieron cuando les dije que los europeos eran, salvo en detalles nimios, exactamente iguales que ellos; que se casaban y educaban a sus hijos conforme a principios y tradiciones; que poseían un buen sentido moral y que, en general, eran buena gente.

—¿Hay granjeros entre ellos? —me preguntó Mahjoub.

—Sí, los hay que son granjeros. Hay de todo: obreros y doctores y granjeros y profesores, igual que aquí.

Preferí callarme el resto de los pensamientos que acudían a mi mente: que como nosotros, los europeos nacen y mueren y que, en el camino de la cuna a la tumba, sueñan sueños que a veces se hacen realidad y a veces se frustran; que tienen miedo a lo desconocido, buscan el amor y tratan de encontrar la dicha junto a sus esposas e hijos; que algunos son fuertes y otros débiles; que a algunos la vida les ha dado más de lo que necesitan mientras que a otros se lo ha negado, pero que las diferencias se van reduciendo y que muchos de los que eran débiles ya no lo son. No le dije nada de esto a Mahjoùb, pero ojalá lo hubiera hecho porque era un hombre inteligente. Tanta era mi presunción que temí que no me entendiera.

TAYIB SALIH,
Season of Migration to the North (1968)

ÍNDICE

INTRODUCCIÓN A LA EDICIÓN ESPAÑOLA

En octubre de 2004, mientras pasaba un año en España documentándome sobre las concepciones actuales del cosmopolitanismo, me invitaron a asistir a una conferencia en Córdoba sobre el poeta del siglo x Ibn Zaydun, natural de esa misma ciudad. Organizaba la conferencia una fundación árabe privada, fundada por el millonario kuwaití Abdul Aziz Saud al-Babtain, un próspero hombre de negocios con intereses comerciales a lo largo y ancho de Oriente Próximo, que además es poeta y siente especial interés por el papel de la poesía en el mundo contemporáneo. La de ese año sería la novena conferencia bienal organizada por la Fundación Abdul Aziz Saud al-Babtain para la Creatividad Poética y la primera que se celebraría fuera de los países árabes.

Cuando llegó la tarde indicada, nos congregamos en el auditorio de la Universidad de Córdoba unas trescientas personas, entre diplomáticos y periodistas árabes y miembros de la comunidad académica y política local. Me senté junto a un anciano con aspecto de sabio, que se presentó como el ex presidente de Sudán. Distinguí, charlando entre el público, a un grupo de prominentes intelectuales árabes, hombres con un pasado de izquierdas que se han ido acomodando a las estructuras de poder, si es que no están ya completamente acomodados. Ahí estaba el propio al-Babtain, con su atuendo tradicional del golfo Pérsico, un anfitrión relajado y cortés, que rondaría los cincuenta, y también el embajador kuwaití en España, Su Excelencia el jeque Salim al-Yabir al-Ahmad al-Sabah, jeque o príncipe —como su nombre indica— de la familia real de Kuwait, los Al Sabah. En la tribuna se sentaban los representantes de la oficialidad española: la infanta Elena, acompañada de su marido; Rosa Aguilar, la imponente alcaldesa de Córdoba; y Carmen Calvo, la ministra de Cultura, también cordobesa. Cada una leyó un breve discurso de bienvenida a tan distinguidas visitas árabes en el que encomiaban la oportunidad de crear un mayor entendimiento cultural ente Europa y el mundo árabe. Se aludió oportunamente a la historia de tolerancia étnica y religiosa de la Córdoba de hace un milenio y a la coexistencia de tres culturas en la ciudad: la cristiana, la judía y la musulmana. Se elogió la historia de convivencia,* pero sin caer en las exageraciones que suelen acompañar a ciertas apologías del «diálogo entre civilizaciones». En este sentido destacó la alcaldesa de Córdoba, de Izquierda Unida, que eligió sus palabras con esmero y precisión: no se perdió en referencias insulsas a la tolerancia entre las religiones mayoritarias o al pasado medieval como modelo para la resolución de los problemas del mundo actual, sino que se limitó a manifestar lo orgullosa que estaba, como cordobesa, de la poesía de su paisano Ibn Zaydun, y se centró en el papel de la poesía como educadora del espíritu y, acaso, como puente de entendimiento entre los pueblos.

Del resto de la conferencia se encargó mayormente, si no del todo, la delegación árabe, que entabló un debate de cierta consideración en torno a temas poéticos y religiosos. La conferencia concluyó con una visita organizada por los delegados árabes a la Gran

---

* En español en el original. (*N. del T.*)

Mezquita de Córdoba, transformada en catedral después de la Reconquista.* Para muchos de los asistentes esa fue la primera vez que pisaban la mezquita de Córdoba, una de las edificaciones musulmanas más impresionantes del mundo, construida en el año 785 d. C. por el califa omeya Abderramán y reformada por ulteriores califas de la misma dinastía. Los omeyas ocuparon Córdoba en 719. En el año 750 la dinastía omeya perdió el poder del califato oriental en favor de la dinastía abasí, que trasladó la capital de Damasco a Bagdad; en el califato occidental, con capital en Córdoba, los omeyas continuarían gobernando hasta 1070, año en que sería anexionado por el reino musulmán de Sevilla. Entre las mezquitas omeyas, la de Córdoba sólo puede compararse en grandeza a la mezquita de Damasco, en cuyos cimientos se encuentra la tumba de Saladino y adonde todos los años peregrinan multitud de shiíes iraníes para llorar a Hussein, nieto del Profeta y uno de los fundadores de la rama islámica shií, cuya cabeza —según se dice— fue trasladada a esta ciudad desde Kerbala, donde murió en el año 680 d. C. a manos del tirano Yazid. Lejos de cualquier manifestación de ira o, menos aún, de venganza contra la España católica, los delegados árabes parecían sentirse complacidos y orgullosos ante la evidente grandeza de la estela que habían dejado en la península.

Más tarde tuve ocasión de confirmar este sentimiento de comprensión y satisfacción histórica, cuando, al término de la visita, uno de los delegados kuwaitíes se ofreció amablemente a llevarme en su coche al aeropuerto más cercano, el de Sevilla. Le había encantado la conferencia y se sentía muy orgulloso de los monumentos que había visitado, un sentimiento que parecía crecer cada vez que le indicaba el origen árabe de muchos de los lugares señalizados a lo

* En español en el original. (N. del T.)

largo de la carretera que va de Córdoba a Sevilla: Écija, Mairena del
Alcor, Alcalá de Guadaira, La Algaba. Es cierto que en algún momento me preguntó, educadamente, por qué habían tenido que construir
las iglesias y catedrales católicas del siglo XVI *encima* de las mezquitas,
en lugar de construirlas a un lado, pero fue una queja pasajera.
Mientras cruzábamos el Guadalquivir (del árabe *wadi al-kabir*, «río
grande») me señaló los bancales y otros elementos agrícolas que su
pueblo había legado a los españoles. Llevaba en el coche cuatro
grandes cajas que pensaba llevarse consigo en su avión privado, y
le pregunté qué contenían, sospechando que tal vez se tratara de algo
ilícito. «Azafrán», me dijo: una caja para cada una de las mujeres
principales de su familia. El azafrán, que ya se usaba en la cocina árabe
de la Andalucía medieval, sigue siendo un colorante muy apreciado
en la cocina contemporánea de Oriente Próximo y se usa también para
adornar el arroz del plato de carne predilecto de los persas, el *chelo
kebab*. Cuando se enteraron de que iba a viajar a Córdoba, le dieron
instrucciones precisas para que les trajera azafrán de España (el mejor del mundo, como bien saben los kuwaitíes).

   En los tres cuartos de hora que duró el trayecto pude pregun-
tarle a mi compañero de viaje qué le había parecido la conferencia, a él y al resto de delegados árabes. También le confesé, cortés-
mente, que era una lástima que tras la sesión inaugural hubiesen
asistido tan pocos españoles. Su respuesta fue clara y concisa. El
propósito de la conferencia no era el de sostener un debate de especialistas sobre la literatura medieval ni, llegado el caso, establecer
algún tipo de diálogo cultural con España o Europa. La conferencia se dirigía al público de su tierra, a la gente de Kuwait y del mundo
árabe en general. De ahí que hubieran consagrado tantos esfuerzos
a asegurar la presencia en Córdoba de los medios y las televisiones
árabes. El mensaje de la conferencia se dirigía desde la fundación

liberal de al-Babtain a los fundamentalistas y otros partidarios de la intolerancia en el mundo árabe y musulmán. Con el ejemplo histórico de Córdoba no se quería demostrar que hace mil años todo fuera perfecto, o que la sociedad musulmana de entonces fuera más liberal, sino subrayar que los estados musulmanes pueden y deben fomentar la diversidad religiosa y cultural y que sólo así llegarán a ser más ricos y poderosos de lo que son.

El objetivo esencial de la conferencia de Córdoba de 2004 coincide en gran medida con el del libro que el lector tiene ahora entre sus manos. *Cien mitos sobre Oriente Próximo* no es un libro de historia, pese a sus numerosas alusiones al pasado; no es un tratado de teología, por mucho que en él se examinen ciertas nociones y afirmaciones religiosas; tampoco es una obra de análisis social o político, a pesar de que en ella se traten algunos asuntos de este orden: *Cien mitos* es un libro que surge de los ya más de cuarenta años que he pasado trabajando como académico, periodista y asesor político en Oriente Próximo, tiempo en el que he tenido ocasión de visitar todos los países de la región; es un libro que trata de aplicar el conocimiento, la comprensión y la perspectiva crítica que he ido adquiriendo a lo largo de estos años a un propósito actual y urgente. Este propósito, que espero resulte evidente, es el de fomentar un debate —ya sea mediático o académico— libre de estereotipos e ideas fijas sobre Oriente Próximo, su política y su religión, y crear, por ende, más espacio para el diálogo y el análisis libre e informado. Más allá de su afán por corregir afirmaciones falsas, tanto orientales como occidentales, este libro ha sido concebido con la idea de promover un debate más abierto de los asuntos contemporáneos, demostrando para ello que todos somos, en grado mayor del que muchos afirman, libres de definir a voluntad nuestra historia, identidad, cultura y religión. Este es el espíritu de libertad y apertura que presidió la conferencia organizada por al-Babtain en octubre de 2004 y que subyace a la redacción de este libro. Tal vez calificarlo de «emancipatorio» resulte excesivo, pero espero que al menos pueda considerarse «habilitador».

El libro se divide en dos partes complementarias: los propios cien mitos y el glosario de palabras y expresiones surgidas o recicladas —y a menudo redefinidas— desde el 11 de septiembre de 2001. Muchos de los mitos y la mayor parte del vocabulario se extraen de la política y la prensa del mundo árabe y anglófono, especialmente del estadounidense, y se comentan para mostrar el modo en que los actores políticos usan y distorsionan la historia y el vocabulario y tratan en ocasiones de maquillar con eufemismos las intenciones más brutales. A pesar del origen foráneo de gran parte del material, espero que al lector español le resulte interesante y le sea de alguna utilidad, dada la gran implicación de España en el proceso mundial de interacción con Oriente Próximo y, desde marzo de 2004, también en la compleja esfera del terrorismo internacional. Una de las primeras cosas que hice al llegar a España, en junio de 2004, fue visitar algunas de las zonas de Madrid y sus alrededores donde tuvieron lugar los terribles sucesos de marzo: la estación de Atocha y las ruinas aún en pie del bloque de pisos de Leganés donde el grupo terrorista se suicidó pocos días después de los atentados. Por su historia, su situación geográfica y su condición política, España forma parte, en gran medida, de un conflicto internacional a gran escala sobre el que ya he hablado en otro libro (*Two Hours that Shook the World*, Saqi, Londres, 2001), un conflicto que, por supuesto, también concierne al Reino Unido. Desde mi piso de Londres se ve la calle del lado este de Tavistock Square en la que explotó una bomba que mató a muchos pasajeros del metro londinense, un año y cuatro meses después de los atentados de Madrid.* En el primer aniversario de los atentados, el 11 de marzo de 2005, volví a la estación de Atocha para participar en una emisión televisiva en directo de la CNN a las 7.56 de la mañana, la hora justa en que habían explotado las bombas el año anterior. Mientras tañían las campanas de las más de 250 iglesias madrileñas y los trenes se detenían temporalmente en sus trayectos, guardamos un momento de silencio.

Pese a la extracción árabe y anglófona de la mayor parte del contenido, hay algunos mitos y varios términos del glosario que guardan una estrecha relación con España o tienen un marcado origen español. De entre los mitos vinculados a España, destacan sobre todo tres: uno, que los países europeos, y España entre ellos, guardan una relación «peculiar» con Oriente Próximo; dos, que el florecimiento de las «tres culturas» —musulmana, cristiana y judía— en la Andalucía medieval puede servir como modelo de tolerancia política y religiosa para el mundo contemporáneo; y tres, que el mundo islámico y Europa —o España, en particular— están inmersos en un conflicto interminable que comenzó hace más de mil años.

La idea de que la propia nación mantiene una relación «especial» con Oriente Próximo o con el mundo árabe en general es común a casi todos los grandes estados europeos, con la posible excepción de los Países Bajos (mito 6). Así, los franceses suponen que los años pasados en el Magreb les sitúan en un lugar privilegiado para compren-

---

* Estuve en Londres dos días antes, cuando llegó la noticia de que la ciudad había sido elegida para albergar los Juegos Olímpicos de 2012 y la gente se lanzó a la calle a celebrarlo en un arrebato de alegría popular de magnitudes casi españolas. Dos días después, en Barcelona, mientras subía en un taxi por Paseo de Gracia, le comenté al conductor los recientes altibajos de la fortuna de Londres y el taxista, un hombre joven, me contestó con un bonito dicho español: «La alegría es redonda, la pena cuadrada».

der la cultura árabe, un lugar que les está vetado a los toscos protestantes del mundo anglosajón. Los italianos sostienen que su sangre
y su gracia mediterráneas les confieren cierta ventaja para comprender la cultura árabe. Los griegos hablan alegremente de su país como
del puente, o *yefira*, que une a árabes y europeos. Los alemanes re-
calcan que ellos siempre mantuvieron relaciones amistosas con Irán
y el Imperio otomano y no se les debería asociar al colonialismo de
otros estados europeos. Los británicos afirman poseer una afinidad
especial con los árabes del desierto. Es evidente, cuando menos, que
los españoles no son los únicos en proclamar la singularidad de sus
vínculos con el mundo árabe, vínculos que unas veces poseen un
origen genuinamente cultural y otras son el resultado de la proxi-
midad geográfica, pero que a menudo son el mero producto de un
cálculo previo de las ventajas comerciales, diplomáticas o políticas
que se pueden sacar de ellos. La única verdad es que en ciertos
momentos de su historia todos estos estados se han vinculado y han
ayudado a los países de Oriente Próximo y sus pueblos, pero que en
muchos otros los han ocupado, explotado y traicionado a su anto-
jo y conveniencia.

En la época de la dictadura franquista, España se vanagloriaba
de su afinidad con el mundo árabe y se negaba obstinadamente a
reconocer el Estado de Israel. Durante la guerra civil, la propaganda nacional llegó a exhortar a los musulmanes árabes a luchar para
derrocar la república —y con cierto éxito, pues decenas de millares
de musulmanes se incorporaron a las filas nacionales—, aduciendo
que el cristianismo y el islam debían unirse en la lucha contra el
enemigo común que constituían las fuerzas ateas del otro bando.
Apenas unos decenios antes de este llamamiento, el Estado y el ejército español, por no hablar del mismísimo Francisco Franco, se afa-
naban en reprimir a los habitantes del Marruecos español empleando

—como hoy se sabe— armas químicas, las mismas que utilizaría Mussolini un decenio más tarde en Etiopía. Así pues, el historial de las relaciones hispano-árabes es, en el mejor de los casos, desigual. Pero esto no implica que deba seguir siéndolo.*

En cuanto al segundo mito, el de las «tres culturas», se basa en una exageración del espíritu de tolerancia que reinaba en tiempos medievales. Sin embargo, y como bien se dio a entender durante la conferencia de Córdoba, no se deberían cargar las tintas sobre este hecho y su posible influencia sobre los fines políticos contemporáneos de Occidente. Al tan cacareado periodo de tolerancia cordobesa del siglo X le siguió otro de violencia, intolerancia y exclusión: la Reconquista. Los casos de coexistencia relativamente pacífica de la historia premoderna, como el de Córdoba o, más adelante, el del Imperio otomano, no pueden servir de modelo a una sociedad liberal contemporánea, pues se basaban en una evidente jerarquía religiosa, que otorgaba un papel subordinado a las comunidades cristianas y judías y obligaba al individuo a permanecer en su propia comunidad y sometido a sus dictados. Este pasado de tolerancia puede —y debe— servir de correctivo a las visiones más simplistas, polémicas o dogmáticas sobre las relaciones entre cristianos, musulmanes y judíos, pero la base de una cultura política moderna y democrática debe buscarse en los valores laicos y universales que hemos desarrollado y defendido en épocas más recientes.

El tercero, el que alude a un antagonismo atávico entre el islam y Occidente —o entre España y el islam—, un mito muy en boga

---

* Un análisis brillante de los diferentes usos que ha hecho la política española de su vínculo con Marruecos y el mundo árabe, así como del papel que jugó Marruecos en la proclamación de la Segunda República y la gestación de la guerra civil puede encontrarse en el libro de Sebastián Balfour *Abrazo mortal. De la guerra colonial a la guerra civil en España y Marruecos (1909-1939)*, Península, Barcelona, 2002.

desde hace algunos años, viene a decir lo contrario que el primero; a saber: que desde hace siglos, por no decir milenios, el mundo musulmán ha estado en guerra con Europa y, en particular, con España. Se afirma, así, que los musulmanes han tratado de reconquistar Andalucía desde el siglo XVI y que los trágicos sucesos de marzo de 2004 forman parte de este plan canallesco a largo plazo. Un ejemplo notorio de este tipo de afirmaciones se puede encontrar en el libro *España frente al islam. De Mahoma a Ben Laden* (La Esfera de los Libros, Madrid, 2004) del periodista de derechas —y grafómano, al decir de un amigo mío español— César Vidal. Entre los numerosos disparates del panfleto en cuestión, destaca la omisión del apoyo de los árabes al bando nacional durante la guerra civil, la caracterización de Sadam Husein como una suerte de líder islámico (cuando era, de hecho, defensor del laicismo) o el tupido velo que corre sobre la larga historia española de agresión y ocupación de territorios árabes. De este tipo de argumentos se pueden encontrar numerosos ejemplos en libros, artículos o discursos, y cualquiera que así lo desee también puede echar mano de las afirmaciones de ciertos demagogos islamistas —entre ellos Bin Laden— en sus llamamientos a la reconquista de España. Por supuesto que esta clase de libros también puede encontrarse en Gran Bretaña, Francia, Alemania o Estados Unidos: la única diferencia es que en cada caso los autores tratan de argumentar que es *su propio país* el que, en los últimos siglos, ha estado en la mirilla del odio islámico, un hecho que los autores españoles parecen ignorar oportunamente. Cada país tiene sus «Césares Vidales».

Claro está que toda esta literatura alarmista e históricamente iletrada pasa por alto dos de los problemas centrales de la retórica política. Primero, que la historia es siempre diversa y que, por tanto, su interpretación moderna es el resultado de un proceso de selección; para la mayor parte de la comunidad árabe contemporánea, por ejemplo, el término «al-Andalus», referido a la España musulmana —y no a la comunidad autónoma de Andalucía que se definió en la división administrativa del territorio nacional de 1833— es de hecho un poderoso símbolo, no de la guerra o la violencia, sino de la música, la medicina y la educación, y en ningún caso se asocia a un supuesto deseo de reapropiación territorial. Cualquier majadero —ya sea Osama Bin Laden o algún propagandista de la derecha antimusulmana europea— puede citar pasajes sanguinarios del Corán o de la tradición islámica que justifiquen la matanza y la conquista en nombre de la religión, pero lo mismo se podría hacer con los textos, las tradiciones y la historia del cristianismo, el hinduismo o el budismo. Como se argumenta en el mito 79, no hay religión que sea intrínsecamente «pacífica» o «belicosa». Depende de quién realice la selección de los textos. En mis tiempos de estudiante, allá por los sesenta, se hablaba mucho de la relevancia supuestamente universal de Mahatma Gandhi y el mensaje pacifista del hinduismo. En tiempos más recientes, y no sólo a raíz del programa indio de armamento nuclear, se ha hablado más de la crueldad inherente al acervo cultural panteísta de esta religión, algunas de cuyas divinidades —como la diosa Kali— se alimentan de carne humana. Por supuesto, cuando la razón de Estado así lo requiere, la tradición «nacional» puede ser corregida o retocada con relativa facilidad: un buen ejemplo de ello se dio en 1991, en la conferencia por la paz en Oriente Próximo celebrada en Madrid, en el Salón de las Columnas del Palacio Real. Para no ofender a los delegados árabes, los organizadores juzgaron oportuno retirar una estatua, que habitualmente está bien a la vista, en la que figura el rey Carlos I matando al demonio y en la que el demonio aparece retratado como un árabe.

Segundo, que para comprender el que es uno de los mayores y

más urgentes problemas contemporáneos, el del terrorismo islamista, las explicaciones basadas en tradiciones e influencias seculares no son de mucha ayuda. Una amenaza puede ser lo bastante real, y peligrosa, sin necesidad de antecedentes históricos, como demuestran el fascismo, el anarquismo y el comunismo del siglo xx, por no hablar de los nacionalismos y colonialismos de los dos últimos siglos. Muchos comentaristas de la violencia islamista y, en particular, los vinculados a la derecha política, parecen creer que el hecho de asignarle al terrorismo islamista un origen medieval o milenario contribuye a hacer la amenaza más real, más comprensible, pero sucede más bien al contrario: si el conflicto lleva cientos o miles de años en marcha, resulta mucho más difícil entender por qué ha explotado de forma tan violenta en los últimos años. Para sustentar su teoría de una hostilidad islámica transhistórica y eterna, los comentaristas occidentales suelen apelar a la división islámica tradicional del mundo en la «casa del islam» y la «casa de la guerra» —dar al-islam y dar al-harb—, referida ésta ultima al mundo no musulmán e, implícitamente, al Occidente contemporáneo. En la tradición musulmana existe esta distinción, es cierto, pero tampoco se puede ignorar la relevancia que tuvo para los cristianos de otros tiempos la expresión *in partibus infidelium*. El caso es que, dejando aparte a unos pocos extremistas, tal distinción apenas tiene cabida en la retórica o el pensamiento político árabe moderno. Después de cuarenta años leyendo periódicos árabes y persas, todavía no he encontrado aquel que divida las noticias en dos secciones generales: la «casa del islam» y la «casa de la guerra».

Las causas del antagonismo se encuentran en el mundo contemporáneo. La hostilidad de algunas comunidades árabes y musulmanas hacia Occidente y, en particular, hacia los estados europeos, puede encontrar legitimación en las guerras del pasado, pero se nutre sobre todo de conflictos contemporáneos (Palestina, Cachemira, Chechenia, Irak), del desempleo y la corrupción de sus propios países, del ansia de poder de ciertos grupos armados; se nutre, en resumidas cuentas, de la política contemporánea. El enfrentamiento más explosivo entre árabes y españoles de la última década no se dio a raíz de los atentados del 11 de marzo de 2004, sino algunos años antes, en el término municipal de El Ejido, en Andalucía, y fue consecuencia de los problemas de empleo y las tensiones resultantes entre ambas comunidades. Por lo demás, el uso simbólico del pasado no es privativo de los musulmanes: los serbios invocan la batalla de Kosovo (1389), los franceses acusan a los ingleses de haber quemado viva a Juana de Arco, los árabes y los israelíes se enjaretan mutuamente maldiciones bíblicas y coránicas, los rusos hablan de Boris Godunov, los protestantes y católicos de Irlanda siguen librando, a su manera, la batalla del Boyne (1690). Pero todos estos son usos instrumentales del pasado. Los políticos populistas de muchos países latinoamericanos se han valido de exageradas figuras precolombinas y en ocasiones con fines harto contradictorios, como es el caso de Túpac Amaru, invocado tanto por los generales peruanos como por las guerrillas marxistas uruguayas. Sin embargo, los conflictos actuales tienen muy poco que ver con Juana de Arco, Túpac Amaru, Moisés, Mahoma, Fernando, Isabel y demás personalidades históricas. Las fuerzas que controlan estos sentimientos son contemporáneas. Los usos más siniestros del pasado —por parte de los talibanes afganos, los Jemeres Rojos de Camboya o el grupo peruano Sendero Luminoso, por no hablar de los nazis alemanes— deberían servirnos a todos de advertencia.

En lo tocante a la segunda parte del libro, el glosario, mucho es lo que se puede decir. Sobre todo si, siguiendo el hilo de la argumentación anterior, no examinamos tanto los orígenes, la etimología de los términos y expresiones —un tema muy interesante, por otra parte—, como sus usos e instrumentalizaciones actuales. El castellano, como el portugués o el catalán, es una lengua especialmente interesante para el estudio de las relaciones entre Europa y el mundo musulmán, dada la gran cantidad de vocablos —más de cuatro mil, se estima— y topónimos derivados del árabe. Nadie que esté familiarizado con la retórica y el vocabulario de los movimientos musulmanes contemporáneos podrá dejar de notar que ciertas palabras usadas en el castellano actual están emergiendo de nuevo, con nuevos significados políticos o sociales, en el discurso árabe contemporáneo. En cuanto a los términos y expresiones del glosario originados en la España moderna, la mayor parte se relacionan con los atentados de marzo de 2004: «autoría intelectual», «magnicidio», «mochila bomba», «trenes de la muerte». La interjección española «cojones» —que, como ilustro en la página 222, también se emplea en el árabe o el persa— saltó a la palestra de la actualidad internacional gracias al presidente de Estados Unidos.

Una de las palabras con más variedad de significados, en función del país y el momento histórico, es el término «arabista». En inglés, designa a las personas que conocen el árabe y, de forma implícita, a los que demuestran cierta simpatía hacia la «causa árabe»; en español, se refiere también al movimiento del siglo XIX que trató de poner de relieve la contribución árabe a la cultura española, oponiéndose de este modo al mito católico-nacional. Algunos términos poseen una historia particularmente densa y compleja. Podríamos hablar, sin ir más lejos, de «moro», un término que deriva del griego *mavros* (negro) y que posee un uso neutro, como en «moros y cristianos» y otro peyorativo, como en cualquiera de los frecuentes eslóganes contra la inmigración. A pesar del uso despectivo del término en el español actual, es este el nombre que escogió voluntariamente un grupo guerrillero musulmán de Filipinas para legitimar sus acciones armadas. Los estudiosos del inglés también reconocerán que muchas de las palabras que han adquirido especial notoriedad tras el 11 de septiembre de 2001 se originan en neologismos derivados del castellano y el portugués antiguos: *corral, guerrilla, militia, renegade*, entre muchas otras.

Abre el libro una cita brillante de Juan Goytisolo, en la que el escritor cuestiona la idea misma de que los seres humanos estén ligados o determinados por sus orígenes. Los hombres no son árboles, dice, tienen pies y caminan. Un mensaje similar acerca de la elección que realizamos al usar nuestra herencia religiosa e histórica —sin olvidar la lingüística y etimológica—, podría aplicarse a este libro y, de hecho, también a la interpretación de los propios textos coránicos y musulmanes.* Como dijo el profeta Mahoma: *ijtilafu ummati rahma*, «la diversidad de mi comunidad es una bendición». Es esta misma diversidad, y la libertad que supone, la que este libro trata de defender y, en la medida de lo posible, promover.

Fred Halliday
Institut Barcelona d'Estudis Internacionals (IBEI),
Barcelona, septiembre de 2006

* Éste es también, en gran medida, el razonamiento del economista indio Amartya Sen, que en su libro *Identity and Violence, The Illusion of Destiny* (Allen Lane, Londres, 2006) ha rebatido con gran consistencia la idea de que el hombre esté fatalmente determinado por su herencia cultural.

INTRODUCCIÓN

Se oye hablar mucho de raíces en nuestra Península y fuera de ella. De raíces de nuestras sociedades y comunidades históricas. [...] Pero el hombre no es un árbol: carece de raíces, tiene pies, camina.

JUAN GOYTISOLO, «Metáforas de la migración», *El País*, 24 de septiembre de 2004

En 1984 los historiadores británicos Eric Hobsbawm y Terence Ranger recopilaron varios artículos para publicarlos en un libro al que pusieron el polémico título de *La invención de la tradición* (Editorial Crítica, 2002). En el libro mostraban con gran profusión de ejemplos extraídos de diversos países que, a menudo, aquello que se presenta como un legado del pasado, como «tradición» o «patrimonio cultural», como algo históricamente dado, no es más que un reflejo de la imaginación contemporánea, un acto de selección cuando no de mera invención. En las Islas Británicas son ejemplos patentes de ello la tradicional celebración familiar de la Navidad o la falda escocesa; muestras más tardías de este fenómeno, percibidas tras la publicación del libro de Hobsbawn y Ranger, podrían ser la celebración del 23 de abril, día de San Jorge, como festividad nacional británica o la relevancia sin parangón que ha adquirido la propia bandera de San Jorge.

En cualquier caso, la trascendencia del libro y del tema que aborda son enormes, pues arremete contra la esencia misma de una de las reivindicaciones más extendidas de la modernidad, de la cultura política y la ideología política modernas: la de que existe un pasado determinado, una serie de tradiciones establecidas con las que todos —cualquiera que sea nuestro país, cultura o tradición— podemos identificarnos tanto en sentido teórico como moral; es decir, un pasado al que todos podemos acudir para explicar el mundo tal como es y proveernos de una serie de principios morales y, a veces, religiosos conforme a los cuales podamos y debamos vivir. Esta creencia, en sus múltiples formas, se ha afianzado en décadas recientes tanto en el mundo desarrollado —Europa, Japón y Estados Unidos— como en el tercer mundo y, particularmente, en Oriente Próximo. Su manifestación más clara es el arraigo de reivindicaciones basadas en la interpretación de textos religiosos, de eso que, en general y no del todo incorrectamente, se da en llamar «fundamentalismo» y que constituye una tendencia evidente en el islam, el judaísmo, el cristianismo y el hinduismo, aunque también otras *ideologías* más extendidas, como las *nacionalistas*, presentes en casi todo el mundo, incluyen la invocación del pasado como algo dado y precioso. Por mucho bombo que se le diera hace una o dos generaciones a la campaña *contra* el pasado, a la necesidad de romper las ataduras de la tradición, de la reacción, de la superstición y de la oscuridad en todas sus formas, y de adoptar una nueva «ilustración» redefinida para la ocasión, se diría que la tendencia se ha invertido. En la política, en la religión, en las costumbres y hasta en la alimentación, prevalece hoy el culto al pasado y a la presunta tradición que nos ha legado la historia.

Cien mitos sobre Oriente Próximo se propone plantar cara a esta corriente siguiendo tres líneas de argumentación generales. La primera, inspirada en Hobsbawm y Ranger, cuestiona la exactitud histórica de aquello que se nos presenta como tradicional y auténtico. Oriente Próximo *pasa por ser* una región donde impera el pasado —político, nacional y religioso—, pero al examinarla más de cerca, descubrimos que la realidad es muy distinta. Por muchas que sean las pretensiones de antigüedad de los estados de Oriente Próximo, lo cierto es que todos ellos son creaciones modernas, resultado del colapso del Imperio otomano y del zarista tras la Primera Guerra Mundial, así como de la interacción de estos nuevos estados con las estructuras mundiales modernas de poder político, económico y militar.

Al analizar las formas particulares de esta corriente y los símbolos que pone en juego, las conclusiones son similares. La pretensión política islamista y sionista de *recrear* un pasado perdido es falsa. Tanto el concepto chií de Estado islámico, postulado por el ayatolá Jomeini durante la Revolución iraní (1978-1979), como el del restablecimiento del califato, fomentado por el conservadurismo suní en el que se enmarca Al Qaeda, son productos políticos modernos. El Estado de Israel, por su parte, guarda una relación exclusivamente retórica con los antiguos reinos de Salomón y David. Muchos de los símbolos más pujantes de la política contemporánea son también creaciones recientes. La dignidad de *jadim al-haramain* (guardián de los dos lugares sagrados) que pretende ostentar la monarquía saudí, por ejemplo, no se creó hasta 1986; y si se introdujo, fue únicamente para acabar con las pretensiones rivales del rey de Jordania cuando éste se proclamó patrón de la mezquita de al-Aqsa de Jerusalén; la expresión similar *bilad al-haramain* (la tierra de los dos lugares sagrados), con la que Osama Bin Laden suele referirse a Arabia, es de su propia cosecha. Todas las monarquías de Oriente

Próximo reclaman una legitimad antigua y ritual, pero la realidad es que son creaciones del siglo XX, productos de una moda —la de la realeza— que llegó hace bien poco a los países árabes, y del apoyo solícito, en ocasiones militar, que les han prestado en momentos de crisis sus poderosos aliados europeos y estadounidenses.

Mucho es también lo que se ha dicho del carácter atávico, milenario, del conflicto árabe-israelí, pero esta aparente antigüedad no es más que un pretexto engañoso, pues las verdaderas causas del conflicto se remontan tan solo a 1920, a la formación de dos comunidades sociales y étnicas rivales en tiempos del protectorado británico de Palestina. Dejando aparte los vínculos que puedan establecerse con una simbología escogida ad hoc, estas causas no tienen nada que ver con textos presuntamente sagrados ni con sucesos ocurridos hace mil, dos mil o tres mil años.

El conflicto árabe-israelí nos proporciona de hecho muy buenos ejemplos para explicar cómo los símbolos son creados y dotados de un significado moderno y para entender cómo es posible, en efecto, inventar la tradición. Los dos símbolos visuales más poderosos de la identidad judía son la *menorá* —o candelabro de siete brazos— y la estrella de seis puntas de la bandera israelí, más conocida como la estrella de David (en hebreo, *maguen David*; literalmente, el «escudo de David»). La *menorá* es un símbolo antiguo de la identidad judía, es cierto, pero no se puede decir lo mismo de la estrella de David, que durante siglos fue usada por cristianos, musulmanes y judíos como símbolo místico de la unión de la humanidad y aún hoy puede encontrarse en muchas mezquitas de Irán y de la región del golfo Pérsico. La estrella de David no comenzó a identificarse con los judíos hasta las postrimerías del siglo XIX, cuando se la apropió el movimiento sionista, y no guarda relación histórica o religiosa alguna con el rey David.

En cuanto a los símbolos palestinos, tal vez el más prominente sea la *kefia*, el tocado a cuadros que acostumbraba a vestir el difunto Yasir Arafat y que hoy es lucido por partidarios de Palestina en todo el mundo. Pues bien, la *kefia* deriva de un tocado militar diseñado en 1920 por una casa comercial de Manchester —cuyos propietarios eran de origen sirio— para la Legión Árabe, una fuerza militar jordana de reciente creación. Y se podrían aplicar correcciones históricas similares a muchos de los elementos del nacionalismo turco o iraní. Es innegable que todos estos símbolos se han cargado de significado y sirven para consolidar el poder político, a veces incluso para justificar la muerte y la violencia, pero su importancia no emana del peso de la historia, sino de las decisiones, sentimientos y aspiraciones de la política moderna.

El segundo propósito de este libro es cuestionar uno de los presupuestos básicos del debate contemporáneo en torno a la religión, la cultura y la civilización: que las religiones y las culturas son entidades separadas, diferenciadas, monolíticas. Es evidente que en el mundo existen distintas culturas, del mismo modo que existen distintas lenguas y etnias, pero, lejos de ser estancas, estas culturas son entidades para las que la regla es la interacción constante, ya sea productiva o destructiva. Mucho de lo que hoy se considera «europeo» proviene en realidad de otros continentes, pero no por ello deja de ser europeo: la religión predominante —que no la única— en Europa se origina en sucesos que acontecieron en Palestina hace dos mil años; la escritura y las matemáticas europeas proceden de Oriente Próximo; las lenguas de Europa llevan, asimismo, la huella de Oriente Próximo incluso en temas tan domésticos como pueden ser el sexo y la alimentación. Y ya que hablamos de alimentos, no estará de más recordar que sin el té, el café, la patata, el arroz, el tomate y los diversos frutos, hierbas y especias llegados del exterior, la dieta europea

común se reduciría a unas gachas miserables. Esto también vale para
la literatura: los grandes escritores europeos, como Cervantes o
Shakespeare, a menudo echaron mano de temas e historias de otras
culturas. En la feria del libro de Frankfurt de 2004, dedicada a la literatura árabe, el novelista egipcio Naguib Mahfuz sostuvo que la literatura árabe bebía de tres grandes fuentes de inspiración: la poesía y
la tradición oral preislámica, la cultura islámica y la literatura moderna
occidental. Y así ha sido siempre. La historia de los pueblos no es
nacional, sino cosmopolita; no es la historia de bloques separados que
se han conocido mutuamente de forma gradual y beligerante, como
los mitos nacionalistas podrían hacernos creer, sino un proceso constante de interacción cultural y comercial que pasa por la continua
redefinición de sus límites y el enriquecimiento recíproco. Esto es
cierto hoy, en la era de la globalización, de los híbridos culturales y
la fusión musical, pero era igual de cierto hace siglos o milenios.

La tercera línea de argumentación de este libro es de naturaleza ética, y alude a la necesidad de apartarse de la actual postración
ante la tradición y el pasado, ante todo eso que hay de «auténtico»
en nuestras costumbres, y tomar una distancia crítica respecto a esta
identificación con la historia. La perspectiva crítica y el escepticis-
mo histórico son requisitos esenciales para el estudio de los mitos,
los símbolos y el lenguaje, tanto más cuanto que la importancia de
estos elementos de la vida pública, lejos de menguar, se ha hecho
cada vez mayor en el mundo contemporáneo. La agitación propia
de la globalización, acompañada del colapso y el descrédito de las
principales ideologías del siglo XX, ya sean de izquierdas o de derechas, nos alejan más y más de los antiguos ideales de racionalidad,
rigor histórico y universalidad, y nos sitúan frente a un mundo con-
vulso por la violencia, en sus múltiples e insospechadas formas, un
mundo en el que los discursos exaltados y los mitos van ganando

terreno. El trabajo de los sociólogos y los estudiosos del fenómeno nacionalista nos inducen a concienciarnos de la importantísima función que tienen estos mitos cuando se trata de movilizar a la gente o de ayudarla a encontrar un sentido a sus complejas y a menudo desconcertantes vidas; lo que, por otro lado, nos ayuda a comprender por qué esta clase de ideas cobra mayor importancia a medida que los cambios se aceleran, y se intensifica la interacción y el conflicto entre los pueblos. Que sean ideas verdaderas o falsas, que sean fieles a la historia y al lenguaje es lo de menos; lo que de verdad importa es el uso que se les dé y la intensidad de los sentimientos que las respalden. Todo lo cual nos lleva a reiterar de nuevo la necesidad imperiosa de someter estas ideas y reivindicaciones a una duda meditada, mesurada e informada.

Éste es el fondo en el que se enmarca la compilación del presente libro. A su modo, por fuerza fragmentario y a veces azaroso, se propone tratar todas estas cuestiones con referencia a un ámbito particular, el de Oriente Próximo, y centrar el debate en dos de sus componentes principales: las pretensiones históricas de la propia región y los usos que hacen del lenguaje las gentes que en ella habitan y los que se refieren a ella desde el exterior (en el caso de estos últimos, poniendo especial énfasis en las modificaciones e innovaciones léxicas registradas desde el 11 de septiembre). En cualquier caso, el libro no pretende ser exhaustivo, incontestable o ecuánime, sino reafirmar un punto de vista crítico frente a las reivindicaciones de la historia y el lenguaje, y recalcar la importancia de lo que en otro contexto he llamado «razón internacional», es decir, el reconocimiento de una serie de criterios teóricos y morales sobre los que basar las relaciones internacionales y la confianza en el poder de la argumentación racional para evaluar las pretensiones de las fuerzas políticas, nacionalistas y religiosas contemporáneas.

Este libro forma parte de un proyecto de investigación y publicación más amplio en los campos de la crítica del pensamiento nacional y religioso, y de la reconstrucción de una teoría del cosmopolitanismo y el internacionalismo, un proyecto generosamente financiado por el Leverhulme Trust, que esperamos halle su continuación en futuras obras sobre teoría política y relaciones internacionales contemporáneas. Su temática se ordena según las dos líneas principales de investigación de mis últimas obras: por un lado, el estudio del Oriente Próximo moderno y sus conflictos; por el otro, el desarrollo de una serie de ideas sobre la política mundial y, más concretamente, sobre el papel de la teoría internacional en el análisis de estas ideas.

En ambas áreas de conocimiento, mi interés primordial ha sido el de dilucidar cómo la «razón internacional» —despojada de sus aspiraciones deterministas y monolíticas, pero firme en su oposición al particularismo, las reivindicaciones de la autoridad nacional o religiosa y el guirigay retórico generalizado— puede ayudar a entender el mundo contemporáneo y proporcionar un vocabulario moral para analizarlo. Buena falta nos hace, en Oriente Próximo y en el resto del mundo. Así pues, más allá de la luz que pueda arrojar sobre acontecimientos e ideas particulares, espero que este libro sirva para revalidar de un modo más seguro e informado el pensamiento cosmopolita e internacionalista en el mundo contemporáneo.

CIEN MITOS SOBRE ORIENTE PRÓXIMO

1

Oriente Próximo es esencialmente «diferente» del resto del mundo y debe entenderse en sus propios términos.

Ésta es una afirmación muy frecuente en los discursos hostiles de Occidente que también se oye mucho en Oriente Próximo, cuyos habitantes son propensos a hacer alarde de su excepcionalidad. Si lo que se quiere dar a entender es que la lengua, la religión, la cocina y las costumbres de Oriente Próximo son diferentes de las del resto del mundo, no hay nada que objetar, siempre y cuando se reconozcan también las diferencias abismales que existen entre los propios estados y sociedades de Oriente Próximo. Ahora bien, si se trata de implicar que las formas de conducta social y política propias de la zona son, en cierto sentido, únicas y no pueden explicarse conforme a criterios analíticos generales aplicables a otras partes del mundo, la afirmación es falsa. Las instituciones básicas de la sociedad moderna —Estado, economía, familia— son tan válidas en Oriente Próximo como en cualquier parte. Hasta cierto punto, la historia moderna de la región —cuyo comienzo suele fijarse en 1798, año de la ocupación francesa de Egipto— no es sino un capítulo más del proceso moderno de expansión militar, económica y cultural europea, y en líneas generales puede equipararse a la de otras zonas subyugadas y transformadas por la expansión colonial, como África, América Latina, Asia Meridional o Extremo Oriente. Las características esenciales de la sociedad de Oriente Próximo sobre las que llaman la atención aquellos que defienden su excepcionalidad —las dictaduras, los estados rentistas, las ideologías nacionalistas y religiosas, el sometimiento de la mujer— no son de ningún modo exclusivas de la región. Por supuesto que los actores políticos locales, ya sean monarcas conservadores o islamistas radicales, gustan de proclamar su propia originalidad y singularidad, pero estas soflamas forman parte del pulso por el poder y no deben considerarse afirmaciones históricas o analíticas. Puede argüirse, entonces, que la región es única a causa del impacto del petróleo sobre sus economías y sociedades; pero basta un somero estudio de otros estados productores de petróleo —Indonesia, Nigeria, Venezuela y sobre todo, en años recientes, Rusia y las antiguas repúblicas soviéticas— para disipar el espejismo. Si, por el contrario, se apela a la singular virulencia de sus conflictos interétnicos, el argumento tampoco resiste un juicio comparativo: mucha más gente ha muerto en las luchas interétnicas de Ruanda y de la antigua Yugoslavia —y, no se olvide, también en las que azotaron Europa durante el siglo xx— que durante los cincuenta años largos de conflicto palestino.

En cuanto al terrorismo, en absoluto puede considerarse una peculiaridad del islam o de Oriente Próximo. Es cierto que a lo largo de su historia moderna, todas las religiones de la zona han sido usadas para justificar matanzas y discriminaciones étnicas —por ejemplo, las que protagonizaron los grupos clandestinos judíos Lehi e Irgun en los años cuarenta o los cristianos maronitas de Líbano en los años setenta y ochenta—, pero este fenómeno también se ha dado en otras partes del mundo, y aquí cabe mencionar uno de los grupos históricos que, desde el siglo XIX, más ha defendido el terrorismo, junto a los irlandeses y los bengalíes: los cristianos armenios. Por lo que respecta a los atentados suicidas, esa cruz particular de la década de 2000, los primeros que los pusieron en práctica fueron los Tigres de Liberación de Tamil Eelam, un grupo guerrillero hindú de Sri Lanka. En cierto modo, toda región, religión o pueblo son singulares, como lo son las personas, por sus orígenes y sus características; pero las características que unen siempre pesan más que las que separan. Ésta es la razón por la que los estados y los demagogos de todo el mundo dedican tantos esfuerzos a subrayar su propia singularidad y la de sus enemigos.

Así pues, es mucho más lo que Oriente Próximo tiene en común con el resto del mundo que lo que tiene de particular: todas sus sociedades, estados y gentes intervienen en la economía mundial y se pliegan a sus cambios y dictámenes; todas mantienen principios de independencia nacional y cultural, y rechazan lo que consideran imposiciones externas; todas protestan cuando no se les conceden los derechos que la modernidad ha proclamado, con razón, universales.

Por lo demás, sus gentes experimentan emociones que son comunes a toda la humanidad. Como dice Shylock, el personaje judío de *El mercader de Venecia*: «Si nos pincháis, ¿acaso no sangramos?». Es aquí, en la necesidad y la exigencia del respeto universal y del lugar en el mundo contemporáneo que le corresponde en justicia, donde reside la fuente principal de ira y confusión de Oriente Próximo; es aquí y no en la presunta singularidad, irracionalidad o peculiaridad de su religión, su raza o su geografía política. Las raíces de la llamada «furia árabe» no deben buscarse en las peculiaridades culturales o religiosas de los árabes, sino en su adhesión a las reivindicaciones universales de justicia e igualdad que el resto del mundo lleva dos siglos difundiendo y que hoy parece dar por sentadas.

2

Oriente Próximo es una región dominada por el odio y la solemnidad. Sus gentes no tienen sentido del humor.

L as cualidades como el sentido del humor no son cuantificables. Las Naciones Unidas no disponen de ningún Índice Mundial de Hilaridad Intercultural. Ahora bien, si he de juzgar basándome en mi propia experiencia y en mis visitas a muchas otras regiones —como Europa del Este, América del Norte y del Sur o Extremo Oriente—, debo decir que en Oriente Próximo la gente es menos susceptible y más proclive a reírse de sus dirigentes, de sus vecinos y de sí misma que la de ninguna otra parte del mundo. En Europa Occidental o Estados Unidos, uno puede pasarse semanas sin oír un chiste político, mientras que en Oriente Próximo no hay conversación, fiesta o cita con un amigo en un café que pueda considerarse completa si no se intercambia alguna anécdota, *nokta* (en árabe, «chiste»; literalmente, «punto»), o chisme acerca de los poderosos, ya sea real o inventado.

Muchos países de Oriente Próximo cuentan con una larguísima tradición de esta clase de chistes y habladurías, que a veces entrañan variaciones y juegos de palabras de gran complejidad lingüística y literaria (merecen una mención especial las bromas iraníes en torno al mulá Nasruddin y los chistes turcos sobre Nasrettin Hoca). La cultura judía también tiene sus propias tradiciones y estilos humorísticos, aunque en el caso de los sionistas, como en el de muchos otros pueblos del mundo que han fanatizado su postura nacionalista (a este respecto los irlandeses son un buen ejemplo), esta tradición se ha visto algo minada en los últimos tiempos. El humor israelí, con todo lo amargo y literario que a su modo pueda resultar, palidece ante el humor de los judíos de la Diáspora. En cualquier caso, el desprestigio mismo de muchos gobernantes de Oriente Próximo es la mejor prueba de que abundan los chistes a su costa, como también abundaban en la Europa del Este bajo el régimen comunista soviético. Muchas de estas historias no son aptas para su divulgación impresa, pues tratan de mulás lascivos, de asnos, de afirmaciones escandalosas de las autoridades religiosas —ya sean mulás o rabinos—, de su higiene personal o del coeficiente mental de los hijos de los presidentes en ejercicio, cuando no del de los propios presidentes. Estos y otros temas han sido abordados por Jaled Qishtayni en un libro de muy grata lectura: *Arab political humour*.

En 1979, justo después de la Revolución iraní, pude dar en Irán con uno de los muchos ejemplos de este humor político árabe. El verano de aquel año, los niños apostados en los semáforos de Teherán para vender los restos de serie acostumbrados —chicles, betún, etc.— tenían en sus baratillos un nuevo producto: un librito titulado *Kitabi shujiyi ayatolá Jomeini* (El libro de chistes del ayatolá Jomeini), que resultó ser una selección de los escritos de Jomeini más disparatados acerca del sexo, la higiene y cualquier otro tema íntimo o personal. Otra buena muestra de esta ironía antiautoritaria tan presente en Irán la encontramos en 1989, al hilo de la controversia generada por *Los versos satánicos* de Salman Rushdie. Esta novela, en la que se tratan en clave satírica los comienzos del islam, fue condenada por Jomeini y dio lugar a una intensa polémica internacional. Ningún partidario consciente de la República Islámica podía aprobar semejante blasfemia. Sin embargo, un grupo iraní de la oposición, que conocía bien la propensión de la gente a desconfiar e imaginar todo tipo de cuentos, quiso sacar provecho de ella y, para ganar audiencia, creó una nueva emisora de radio llamada «La voz de *Los versos satánicos*». Años más tarde, un comerciante de una ciudad de provincias iraní al que conocí en su primera visita a Occidente, me dijo: «Por favor, cuénteme, ¿qué dijo el bueno del señor Rushdie? ¡Debió de ser algo grande si llegó a molestar tanto a esos zopencos de mulás!». Los chistes árabes pueden clasificarse en dos categorías generales: los que se ríen de los gobernantes y los que se ríen del pueblo. Una buena muestra del primer tipo es aquel sobre el presidente que, después de leer un largo y ampuloso discurso, les exige a sus ayudantes que le escriban discursos más cortos. A la semana siguiente vuelve a subir al estrado y habla sin parar durante dos horas. «¡Os dije que me escribierais más cortos los discursos!», les recrimina al acabar. «Sí, su excelencia —replican sus ayudantes—, pero tampoco hacía falta leer las cinco copias.»

3

Las continuas guerras que han marcado la historia moderna de Oriente Próximo son la continuación de formas ancestrales de agresión y conquista, y la consecuencia lógica de una cultura que promueve la violencia.

L a incidencia que ha tenido la guerra en la región a partir de 1945 no guarda ninguna relación de continuidad con guerras anteriores ni tiene nada que ver con una «cultura bélica» heredada de los tiempos premodernos. Los estados, los guerrilleros y los propagandistas gustan de exagerar esta continuidad; así, los israelíes invocan a David, el rey guerrero; Sadam Husein, la batalla de Qadisiya y los turcos, a sus sultanes conquistadores. Pero se trata de alusiones simbólicas, no de explicaciones históricas. En cuanto a la existencia de una «cultura de la violencia» en Oriente Próximo, es una afirmación vaga que carece casi por completo de fundamento analítico. Es cierto que en estas sociedades hay valores y costumbres —como la de hacer formar a chiquillos con armas o la de representar pomposas revistas militares— que pueden servir a la movilización y el adoctrinamiento militarista, pero estas manifestaciones también pueden hallarse en otras culturas, sobre todo, en las antiguas potencias imperiales europeas, en Estados Unidos o en Japón. La brutalidad con la que algunos gobernantes europeos del siglo xx han tratado a sus propios pueblos excede con creces a la violencia que pueda registrarse actualmente en Oriente Próximo.

4

Las gentes de Oriente Próximo tienen una idea muy particular de la «historia», del gran papel que tuvieron en ella en el pasado, de las humillaciones que han sufrido en tiempos más recientes y de la necesidad de probarse a sí mismos en términos históricos.

Las referencias y el recurso a la historia para explicar los aconte-cimientos y la situación presente son práctica habitual en Oriente Próximo. No obstante, cualquiera que sea el criterio plausible que adoptemos para evaluar la instrumentalización del pasado, este uso y abuso de la historia es igual de frecuente en otras partes del mundo (en los Balcanes o Irlanda, sin ir más lejos, o en Rusia y el Asia Oriental). Por otra parte, y del mismo modo que ocurre con los textos sagrados y las tradiciones religiosas, la invocación histórica no refleja el efecto real del pasado sobre el presente, sino el saqueo, la selección y, si es preciso, la invención de una historia milenaria de poder que justifique los intereses políticos actuales. En todos estos casos, la «historia» no es una forma de explicación, sino de ideología.

La conducta y la actitud hacia el poder de la sociedad de Oriente Próximo pueden explicarse partiendo de que existe un modo de pensar característico e identificable en todos los árabes o musulmanes o, más concretamente, en todos los egipcios, iraquíes, saudíes, turcos y demás pueblos de la región.

Cada pueblo y cada estado moderno posee ciertos elementos distintivos de su cultura política; es más, todos los estados y sociedades requieren una serie de valores que sustenten el sistema que representan. Pero reconocer la presencia de estos valores dista mucho de afirmar la existencia de ciertos modos de pensar nacionales basados en los rasgos étnicos, históricamente esencialistas y a menudo estereotipados, que se le atribuyen a un pueblo. Gran parte de estos atributos «especiales» que tan a la ligera se asignan a uno u otro pueblo son comunes a otros pueblos. Un razonamiento similar se puede aplicar a los refranes, los dichos y demás expresiones de la sabiduría popular, en los que supuestamente se plasma la singularidad y la historia de un pueblo en particular; un análisis comparativo revela que en su gran mayoría no son más que versiones locales de observaciones mucho más extendidas, cuando no universales.

6

Las diferentes naciones de Europa —Gran Bretaña, Grecia, España,
Alemania, Irlanda, etc.— mantienen relaciones «especiales» con
el mundo árabe y Oriente Próximo.

Pueden encontrarse testimonios de una relación especial con
Oriente Próximo en casi todos los países europeos, a excepción de los Países Bajos que, como es sabido, circunnavegaron África y no tuvieron que pasar por la región. A los griegos, por ejemplo, les gusta presentarse como la *yefira* (puente) que une Europa con el mundo árabe. Los británicos se aferran a cierto lazo histórico de empatía con los árabes del desierto. Los franceses, por su parte, se vanaglorian de la relación que durante más de un siglo han mantenido con el Magreb, y que se refleja en la gran abundancia de palabras de origen árabe en el francés coloquial contemporáneo: *baraka* por «buenas noches», *bled* por «campo», *flouze* por «dinero», *truchement* —palabra que deriva del árabe *turyumán* y que tiene su equivalente inglés en la palabra *dragoman*—[1] por «traductor», o *niquer*, un verbo derivado del término coránico para las relaciones

---

1. La misma palabra árabe se ha castellanizado como «trujamán» o «truchimán». (*N. del T.*)

sexuales. Los alemanes, que antes de la Primera Guerra Mundial trataron de establecer una alianza con la Turquía otomana para plantar cara a sus adversarios británicos, franceses y rusos se precian de haber permanecido al margen de las relaciones de dominación colonial que marcan la historia de Gran Bretaña, Italia o Francia. Los españoles, que se negaron a reconocer oficialmente el estado de Israel hasta la muerte, en 1975, del dictador fascista Francisco Franco, suelen hacer hincapié en los múltiples vínculos históricos que les unen al mundo islámico. Pero todo esto no pasa de ser un lugar común y, en algún caso, una tapadera para el fomento de los lazos comerciales con el mundo árabe. Ningún estado europeo moderno ha dado especial prioridad a las buenas relaciones con el mundo árabe o musulmán, y todos les han arrebatado territorios y se han aprovechado de ellos de un modo u otro (si bien es cierto que esta expoliación ha respondido siempre a estrategias imperiales o postimperiales, y no a algún tipo de aversión endémica hacia los musulmanes). En lo que atañe a la defensa de los derechos del pueblo palestino, la respuesta de todos ellos, sin excepción, ha sido pusilánime y evasiva.

La cumbre internacional sobre Oriente Próximo que se celebró en Madrid en octubre de 1991 dio una muestra especialmente sutil y reveladora de lo ambiguo que puede ser el pasado en relación con este tema. La sesión inaugural de la cumbre se celebró en el Salón de las Columnas del Palacio Real de Madrid. Pese a que las autoridades culturales y políticas relacionadas con el mundo árabe fueron prevenidas con la suficiente antelación, poco antes de la jornada inaugural, los organizadores tuvieron que sacar del salón una estatua de Carlos I aplastando al demonio en la que el demonio aparecía retratado como un árabe.

7

Los árabes son gente del desierto.

E sto era tan falso en el siglo VII como lo es hoy. La imagen tradicional del árabe como persona que vive en el desierto y es nómada y sus pobladores nómadas no es más que una grotesca distorsión de la realidad de estas sociedades. Una versión de este mito es el uso que suelen hacer los eruditos árabes y occidentales de las teorías del escritor medieval tunecino Ibn Jaldun (1332-1406), cuando aplican las conclusiones —en su tiempo muy brillantes— sobre la sociedad nómada norteafricana de sus *Muqaddimah* o *Prolegómenos* al conjunto del mundo árabe contemporáneo, lo que es una extrapolación comparable a la que resultaría de explicar la sociedad británica moderna a partir de una descripción de la vida rural inglesa en el siglo XVII. Una variante más moderna e interesada se plasma en las imágenes del mundo árabe que nos han legado escritores como T. E. Lawrence, St. John Philby o Wilfred Thesiger, la flor y nata de la literatura inglesa de viajes por Arabia. Es posible que todos ellos hayan sido exploradores valientes e intrépidos, pero lo cierto es que nos dicen muy poca cosa de la sociedad árabe moderna o incluso de la península Arábiga, pues la mayor parte de sus pobladores no son nómadas, sino agricultores —en Yemen y Omán— o habitantes de las ocho grandes ciudades cosmopolitas que orlan la costa de la península, desde la ciudad de Kuwait, al noroeste, hasta Yedda, al suroeste, pasando por Manama, Dubai, Mascat, Mukala, Adén y Hudayda.

Otro factor que ha contribuido a la difusión de este mito es la confusión que existe en torno a dos palabras esenciales, pero muy mal definidas: desierto y tribu. En sentido estricto, *desierto* alude a las tierras en las que no crece nada, con lo que puede aplicarse únicamente a un cuarto de la península; en su uso habitual, designa aquellas tierras que propiamente deberían llamarse «estepa», «tierra semiárida», «monte bajo» o «espinar». Del mismo modo, la asociación de los árabes con el desierto suele verse favorecida por la confusión del término «nómada» con «beduino», que puede ser sedentario, y con «tribu», que puede aplicarse tanto a los campesinos sedentarios como a los moradores de las ciudades modernas. (Véase también el mito 88.)

8

La animadversión árabe hacia Israel procede del odio a los judíos de otros pueblos antisemitas europeos y, en especial, del de los nazis.

Durante los siglos que precedieron al xx, el mundo árabe y musulmán fue escenario de una hostilidad hacia los judíos relativamente menor que la registrada en Europa. Al fin y al cabo, fue el Imperio otomano el que recibió a los judíos que fueron expulsados de España —judíos conocidos como sefardíes, gentilicio que deriva del nombre de España en hebreo— a finales del siglo xv y principios del xvi. Es cierto que hubo prejuicios de tipo social o religioso contra los judíos, pero éstos varían enormemente según el país y la época en cuestión (véase el mito 9). El resurgir moderno del antisemitismo como una ideología europea durante la segunda mitad del siglo xix no halló verdadero reflejo en el mundo árabe hasta pasadas muchas décadas e incluso entonces lo hizo sólo por medio de ciertos individuos y partidos políticos. De hecho, el antisemitismo que hoy se nutre de tópicos importados de Europa no se hizo fuerte en el mundo árabe hasta el fin de la Segunda Guerra Mundial, a raíz de la primera guerra palestina, la creación del estado de Israel y la consiguiente expulsión de cientos de miles de palestinos de su tierra. Desde entonces se ha ido formando una ideología híbrida que combina argumentos antisemitas de origen europeo —de por sí confusos— con otros específicamente islámicos, y que ha alimentado la actual animadversión árabe hacia el estado de Israel y su política territorial.

En Oriente Próximo no puede existir un antisemitismo como el europeo, pues los árabes son tan semitas como los judíos.

Es cierto que la palabra «semita», derivada de Sem, nombre de uno de los hijos de Noé —por tanto, designa a todos sus descendientes putativos—, alude en sentido estricto tanto a árabes como a judíos. Sin embargo, esta precisión, que se hace a menudo y con gran solemnidad en muchas partes del mundo árabe, es, en el mejor de los casos, un juego de palabras y, en el peor, un modo de eludir responsabilidades. El término «antisemita» se acuñó en 1870 y no se refiere a la hostilidad hacia todos los descendientes de Sem —y por consiguiente, también hacia los árabes—, sino exclusivamente a los prejuicios contra los judíos.

La polémica sobre el odio secular que los árabes y musulmanes profesan a los judíos es un caso evidente de simplificación por ambas partes: en primer lugar, el trato que los judíos reciben de los árabes no se rige por un único patrón y —al igual que ocurre en Europa— los períodos de aparente tolerancia se alternan con arranques de violencia repentinos, refrendados o no por las autoridades locales, con lo que se hace imprescindible precisar el país y el momento históri-

co del que se trata; en segundo lugar, es indudable que las muestras
de acercamiento musulmán a los judíos durante el último milenio
—sobre todo durante el siglo XX— son mucho más numerosas que las
que se hayan podido registrar en las sociedades europeas. En cuanto a la crítica religiosa a los judíos que encierran ciertos pasajes del
Corán, ha sido más desoída que atendida por los propios musulmanes y, en todo caso, su contenido y sus consecuencias palidecen cuando
se comparan con las de la crítica procedente del cristianismo, que
responsabiliza eterna y colectivamente a los judíos de la muerte de
Jesucristo (esta acusación no fue desmentida formalmente hasta finales
del siglo XX).

El 11 de septiembre de 2001, muchos judíos —se ha llegado a decir que hasta 4.500— se abstuvieron conscientemente de acercarse al World Trade Center de Nueva York. Según se dio a entender, se les había advertido que se mantuvieran alejados de esa zona de Manhattan, lo que parece indicar algún tipo de vínculo entre los servicios secretos israelíes y los piratas aéreos de Al Qaeda.

Esta leyenda urbana, a todas luces absurda, se difundió a través de internet con enorme rapidez después del 11 de septiembre. No existe absolutamente ninguna prueba que la respalde.

La más difundida recopilación de desatinos y conclusiones engañosas acerca del 11 de septiembre es probablemente el *best-seller La gran impostura*, del escritor francés Thierry Meyssan (La esfera de los libros, Madrid, 2004).

Los mitos sobre el 11 de septiembre rivalizan con algunos de los que se difundieron tras el tsunami que asoló las costas del océano Índico el 26 de diciembre de 2004. Si hubiéramos de dar crédito a estas habladurías, el maremoto, en el que perecieron cerca de doscientas cincuenta mil personas, se debió a la explosión de una bomba estadounidense submarina concebida para matar musulmanes.

11

El grado de cobertura mediática en el mundo árabe ha aumentado significativamente en los últimos años gracias a la aparición de una serie de nuevos canales de televisión por satélite —entre los que destaca la cadena Al Yazira, con sede en Qatar—, que constituyen una fuente de información y un espacio de debate alternativo e independiente de la situación política en Oriente Próximo.

No hay duda de que la aparición de los canales de televisión por satélite ha supuesto un cambio considerable en el carácter de la televisión árabe, cuya programación se había restringido hasta la fecha a noticiarios y programas de debate acartonados, sometidos a una censura constante de noticias nacionales e internacionales. Pero los nuevos canales por satélite no son el heraldo de una nueva generación de medios más libres, pues todos son propiedad de estados árabes que los controlan y los amoldan a sus intereses particulares. En general, se contentan con adoptar una línea radical en asuntos nacionalistas, como los de Palestina o Irak, y permitir ciertos debates abiertos de temas de poco riesgo, pero en cuanto se toca alguna cuestión delicada, se establece una serie de temas prohibidos que nadie puede comentar y que tampoco se discuten en la prensa escrita, ya sea en árabe o en inglés. Entre estas materias vedadas, cabe citar la corrupción, la situación económica del estado, los problemas de sucesión dinástica, la conducta de los jóvenes príncipes y los hábitos consumistas de las jóvenes princesas, la libertad de expresión religiosa o sexual y el trato dispensado a los inmigrantes, las mujeres y los niños.

Además, para atraer a una audiencia nacionalista, estas cadenas y sus patrocinadores, dinásticos o independientes, suelen caer en la demagogia, la distorsión de la información y el alarmismo, recursos que, lejos de contribuir a una mejor comprensión de los asuntos internacionales, sirven —al igual que la prensa amarilla europea— para caldear el ambiente y tergiversar la realidad. Los medios de cada sociedad no crean los valores y prioridades de esa sociedad, sino que los reflejan, y los canales de televisión por satélite como Al Yazira no son ninguna excepción.

12

En la actualidad existe una sola lengua árabe que se habla, de este a oeste, desde Irak hasta Marruecos.

L a afirmación de que existe una sola lengua árabe plantea dos problemas de diverso orden. En primer lugar, qué pueda ser «una sola lengua» es de por sí una cuestión abierta al debate, pero según cualquier criterio lingüístico convencional, y de forma especialmente obvia, si se escoge el de la mutua inteligibilidad oral, no hay una sino varias lenguas árabes. En segundo lugar, en todos los países árabes coexisten dos idiomas distintos. La lengua de las proclamas oficiales y de los medios; el árabe estándar moderno, es común a todos los estados árabes, pero es sólo una forma particular del árabe que no se corresponde ni siquiera de modo aproximado con sus dialectos orales regionales, que varían enormemente de Marruecos a Egipto o de Irak a Yemen. Los primeros lingüistas árabes modernos identificaron este problema y trataron de corregirlo armonizando en cada país la lengua escrita y la hablada, pero la crispación nacionalista y religiosa que se ha adueñado de la región en los últimos años ha hecho que cada vez sea más difícil plantear esta cuestión, y no digamos ya proponer soluciones o cambios. El resultado es que, tras la ficción lingüística ortodoxa de la región, en la práctica prevalece la diglosia, es decir, la necesidad de aprender dos idiomas diferentes: el árabe oral y el árabe escrito o estándar. (Para un tratamiento más detallado de este tema, consúltese Yasir Suleiman, *The arabic language and national identity: A study in ideology*, Georgetown University Press, Washington DC, 2003).

13

La expansión del islam y de la lengua árabe en el siglo VII comportó la extinción de las lenguas prearábigas de la península Arábiga.

É sta es una afirmación muy común en las historias del islam y aparece incluso en las obras de historiadores de la talla de Marshall Hodgson y Maxime Rodinson. La realidad, no obstante, es que al menos ocho lenguas prearábigas han sobrevivido hasta hoy en sus formas orales en la costa meridional de la península Arábiga, la isla de Socotra, la provincia omaní de Zufar y la yemení de Mahra. Estas lenguas, entre las que se cuenta el jibbali, el harsusi, el bathari, el mehri o el socotrí, suelen ser agrupadas por sus propios hablantes bajo el nombre de himyarí, como si todas ellas derivaran de la lengua del antiguo reino himyarí de Yemen, pero no parece que sea el caso. En las últimas décadas varios expertos lingüistas se han dedicado a registrar, analizar y transcribir todas estas lenguas arábigas meridionales.

14

El idioma que se habla actualmente en Israel, el hebreo estándar moderno, es una «recreación» del hebreo de los tiempos bíblicos.

C omo ocurre en el caso del árabe, los sentimientos nacionalistas y religiosos de Israel han contribuido a la divulgación de esta clase de ficciones lingüísticas. El primer problema que se plantea a la afirmación nacionalista judía de haber «recreado» su propia lengua es que, mucho antes de la destrucción del Segundo Templo y de la dispersión de los judíos en el año 70 d.C., el hebreo había muerto como lengua hablada en Palestina y había sido reemplazado por otra de la misma familia semítica, el arameo, la lengua que hablaba Jesucristo y que aún hoy se habla en ciertos pueblos de Siria, al este de Damasco.

Así pues, el hebreo no es la única lengua de los judíos, sino una de tantas. Otra lengua judía moderna es el yidis, una combinación de hebreo y alemán, con escritura hebrea, que fue el idioma de los judíos asquenazíes de Europa del Este y que el sionismo moderno ha tratado de arrinconar. Otra más es el ladino, una variante del español que aún sobrevive entre los judíos sefardíes. De importancia pareja es la lengua que habla la mayor comunidad judía del mundo: el árabe. De hecho, hasta mucho después de la fundación del estado de Israel, en 1948, los judíos árabes no vieron contradicción alguna en conservar su religión y su cultura judías y seguir hablando el árabe como lengua materna. En cualquier caso, el idioma que se habla actualmente en Israel, el hebreo moderno, es, a efectos prácticos y conforme a cualquier criterio lingüístico razonable, una lengua diferente del hebreo que se hablaba en tiempos bíblicos, el *ivrit tanajit* (hebreo del Tanaj o Biblia hebrea). Dicho esto, tal vez convenga recordar que la recreación del hebreo bíblico no formaba parte del programa sionista original. Theodor Herzl, en su obra fundacional *Der Judenstaat* (*El Estado judío*), propuso que cada comunidad que emigrara al nuevo estado judío mantuviera su propia lengua, y, a tal efecto, sugirió el modelo del estado suizo, que cuenta con cuatro idiomas oficialmente reconocidos. Sin embargo, uno de los pioneros del sionismo, Eleazar Ben Yehudá, luchó por la adopción del hebreo, un lenguaje que se amoldaba al programa nacionalista clásico de «recreación» de las antiguas costumbres. Así fue como se creo una nueva variante del hebreo: la gramática se sometió a una revisión radical y gran parte del vocabulario fue inventado a partir de alguna raíz hebrea o tomado de otras lenguas semíticas contemporáneas.

El nuevo hebreo ganó adeptos con rapidez y, a partir de 1948, se afianzó gracias a una política oficial diseñada para hacer que los inmigrantes hablaran el idioma del Estado. En 1948 los espacios públicos de Israel se adornaron con carteles en los que se leía el eslogan *ivrit, daber ivrit* (hebreo, habla hebreo). La expansión del hebreo desde entonces ha sido arrolladora y, poco a poco, el yidis y el ladino han ido muriendo. Sin embargo, parece que esta tendencia puede invertirse, pues en los últimos años un gran número de inmigrantes rusos —buena parte de los cuales son gentiles— ha insistido en mantener el ruso como lengua propia dentro del Estado de Israel.

Por otro lado, la gran difusión de este lenguaje moderno ha traído consigo problemas de diglosia semejantes a los del árabe, ya que conforme al mito de que ambos hebreos son el mismo, a los niños de la diáspora se les cree enseñar el «hebreo», entendiendo por tal el idioma que se habla actualmente en Israel, cuando en realidad se les está enseñando la variante clásica (lo que vendría a ser como enseñar latín a un estudiante de italiano).

La expansión del hebreo moderno tal vez haya beneficiado a la comunidad judía de Israel, pero no cabe duda de que forma parte de una ola nefaria de furor nacionalista que durante el siglo xx ha hecho surgir por doquier campañas de reafirmación y restauración lingüística desproporcionadas, como las que hoy tienen lugar en Irlanda o en Euskadi. Incluso en las Islas Canarias, donde, según se dice, han sobrevivido 250 palabras de un lenguaje prehispánico llamado guanche, surgió en 1970 un movimiento de restauración lingüística que —como era de temer— adoptó el eslogan de «patria guanche o muerte, venceremos». (El nombre de las Islas Canarias deriva literalmente del latín, idioma en el que significaba «Islas de los Perros»; algunos nacionalistas árabes las han reclamado como propias bajo el nombre de Yusur al-Qamar, «las Islas de la Luna», nombre del que deriva a su vez el del más desconocido de los estados árabes: las islas Comoras, en el océano Índico.) Restan por calcular los costes de esta obsesión lingüística en un mundo donde el imperativo cultural y económico, por no decir humano, es el de aprender las lenguas de mayor difusión mundial.

15

Se entiende por kurdo el idioma que hablan los cerca de 40 millones de kurdos que viven en Irán, Turquía y Siria. También en este caso, la reivindicación política de que los kurdos son «un solo pueblo» y la ideología nacional asociada se basan en la afirmación de que hay «una sola lengua» kurda.

Una vez más, la realidad de la diversidad lingüística y la mutua ininteligibilidad choca con las aspiraciones nacionalistas. Conforme a cualquier criterio lingüístico razonable existen al menos tres lenguas kurdas distintas y mutuamente ininteligibles: el kermanchi, el sorani y el zaza, divididas a su vez en numerosos dialectos. La negación de esta diversidad lingüística agrava aún más el problema que deriva de identificar al kurdo como un solo pueblo y soslayar que los kurdos de Irán, Irak y Turquía están organizados de maneras muy diversas, cuentan con tradiciones diferentes y, lo que es más importante, también difieren en sus respectivas aspiraciones políticas actuales. El fracaso de las iniciativas para conseguir un Kurdistán unido e independiente no se deduce de la debilidad política de ciertos líderes kurdos o del carácter opresivo de los estados poblados por kurdos, sino del hecho de que desde un punto de vista político, social o lingüístico, no existe «una sola» nación kurda. Esto no quiere decir que dicha nación kurda no vaya a nacer en un futuro, sino que, hasta la fecha, la realidad es otra.

En lo que respecta al otro grupo lingüístico principal de la región, se ha impuesto el mito nacionalista contrario de la falsa diferenciación; es decir, que en contraposición al persa que se habla en Irán, en los estados vecinos de Afganistán y de la antigua república soviética de Tayikistán se hablan el dari y el tayiko, respectivamente.

La unificación ficticia de la lengua, evidente en el árabe, el kurdo, el hebreo o el bereber, contrasta con la ficción inversa de la separación lingüística. Uno de los casos recientes más palmarios de este fenómeno es la afirmación —absurda para cualquiera que sepa algo de Yugoslavia— de que lo que antes se consideraba una sola lengua, el serbocroata, aunque contara con dos escrituras diferentes y leves variaciones en el vocabulario, se ha transformado no ya en dos, sino en *tres* lenguas diferentes: el serbio, el croata y, en Bosnia, el bosnio. En el caso del persa y sus variantes, la pretensión de que el dari afgano —literalmente, «de la casa»; esto es, la lengua de la dinastía persahablante Mohamadzai, que gobernó hasta 1978— es una lengua aparte, no cumple ni con los requisitos de mutua ininteligibilidad ni con los de diferenciación del vocabulario. Prueba de ello es el hecho de que la BBC usa el mismo lenguaje oral para sus transmisiones en Irán y Afganistán. Es cierto que existen ciertas divergencias terminológicas; por ejemplo, en lugar del persa *bimarestan*, los afganos llaman a los hospitales *shafajane*, término de la misma raíz que su equivalente en árabe, *mostashfa*. También hay alguna diferencia en los insultos de ambas variantes: los persas prefieren decir *pedarsag*, «hijo de perro», mientras que los afganos se inclinan por *laanat bi pedar*, «maldito sea tu padre»—, pero estas diferencias no son mayores que las que puedan existir entre el inglés estadounidense o australiano y el que se habla en Gran Bretaña. De hecho, buena parte de la mejor poesía persa se la debemos a poetas de lo que hoy sería Afganistán (Rumí), Tayikistán (Firdusi) o Azerbaiyán (Nizami), país donde hoy se habla el azerí.

La política de Oriente Próximo se rige por una serie de normas peculiares de la región.

No existen «normas especiales» que modelen la política de Oriente Próximo ni la de ninguna otra región del mundo. Las fuerzas que han determinado la situación política de Oriente Próximo durante los dos últimos siglos han sido las de un mundo occidental desarrollado y militarizado en expansión, cuyo poder económico va en aumento. Las relaciones entre los estados de Oriente Próximo, bajo la capa de fraternidad e igualdad que reviste también las del resto de países del mundo, obedecen a los cálculos de los estados, a los intereses de las diversas facciones estatales, a los compromisos entre las previsiones políticas interiores y exteriores de cada estado y, hasta cierto punto, a la ideología. Si es verdad que existen ciertas «reglas», tendencias y repeticiones, todas ellas forman parte de un patrón de conducta estatal regional e internacional mucho más amplio.

Durante siglos «Occidente» ha sido hostil al «islam».

A menos que se contextualice, no tiene mucho sentido hablar de «Occidente» para referirse a un proceso político que ha transcurrido durante siglos. Tampoco al término «islam» se le puede asignar un significado verdaderamente político, al margen de ciertas creencias religiosas y una concepción común de la injusticia. Cuando se contrasta esta afirmación con la historia política de cada uno de los estados de la región, no sólo no se encuentra ningún patrón coherente de este tipo, sino que, además, se descubre que desde 1600 abundan los casos de acuerdo entre las políticas de Estados Unidos o de Europa, y las de ciertos estados de Oriente Próximo. La tesis de un enfrentamiento transepocal es un mito que sirve a los poderes políticos de ambos bandos, y precisamente por ello resulta tan eficaz.

La categorización misma sobre la que se asienta este mito es falsa, pues ni existe un solo «Occidente» ni lo ha habido nunca; en cuanto al «islam», si el término alude a los estados y a las fuerzas políticas islámicas, ha sido siempre plural y aún lo es más desde el fin de la Segunda Guerra Mundial y la posterior emergencia de más de cincuenta estados musulmanes. Podríamos aducir tres observaciones más.

La primera es que, por mucho que se haya hablado de ello, la formación estatal y la evolución de la identidad de los estados europeos no estuvieron marcadas por el choque con «el otro» islámico, sino por la mutua interacción de los propios estados europeos y por sus respectivos cambios internos, políticos y económicos; en segundo lugar, los estados europeos interactuaron de modo flexible y a menudo competitivo con el Imperio otomano durante el siglo XIX y hasta la Primera Guerra Mundial, y durante este período, no se registró ningún tipo de hostilidad o exclusión predeterminada; por último, es preciso subrayar que las relaciones que mantienen con Occidente los más de cincuenta estados musulmanes que existen actualmente en el mundo no guardan pautas regulares, sino que oscilan entre la estrecha colaboración económica o estratégica y la hostilidad o el enfrentamiento (siendo estos últimos, por cierto, el producto de conflictos entre estados o intereses nacionales no el de presuntas consideraciones religiosas).

19

Vivimos en una era en que las relaciones internacionales están dominadas por un «choque de civilizaciones».

Esta tesis fue popularizada por el escritor estadounidense Samuel P. Huntington, primero, en un artículo de 1993 y, posteriormente, en su libro *El choque de civilizaciones y la reconfiguración del orden mundial* (Paidós, 1997); desde entonces ha sido adoptada con entusiasmo por fundamentalistas y nacionalistas del mundo musulmán, y también de la India, Rusia y Japón. Es innegable que la cultura, la identidad y, en general, la «civilización», son factores que influyen en las relaciones entre pueblos y estados. Sin embargo, esto ha sido así durante siglos y hasta milenios, como muestran las guerras de religión y el papel de la cultura en la formación de la identidad y la cosmovisión popular moderna, es decir, de lo que desde 1870 se ha dado en llamar «nacionalismo». Es cierto que existen debates políticos contemporáneos que atañen a cuestiones culturales, como ilustran los problemas de la inmigración, los conflictos interétnicos o las campañas lingüísticas, pero la cultura nunca fue un factor histórico dominante —las guerras entre estados cristianos o entre estados islámicos son la prueba— y tampoco lo es hoy. La guerra más cruenta de Oriente Próximo fue, sin lugar a dudas, la que enfrentó a Irán e Irak entre 1980 y 1988. Se calcula que en ella murieron más de un millón de personas.

Concluida la guerra fría, el puesto del enemigo comunista ha quedado vacante y Occidente ha buscado un sustituto en el islam. Esto explica el auge de la animadversión occidental hacia el islam y los musulmanes, comúnmente conocida como «islamofobia».

L a propia palabra «islamofobia», cuyo uso se ha generalizado hasta el punto de ser aceptada por gobiernos y fuerzas políticas como un término de relevancia legítima, no es más que un equívoco propagado a principios de los noventa por grupos musulmanes occidentales que buscaban legitimar su posición social *vis-à-vis* de la sociedad occidental no musulmana y su posición ideológica *vis-à-vis* de la propia comunidad musulmana. La hostilidad religiosa hacia el islam en cuanto religión, si bien fue algo común hace siglos, es hoy relativamente escasa —hay pocos libros a la venta que defiendan que Mahoma fue un fraude ni nada por el estilo—; antes bien, los prejuicios contemporáneos se dirigen contra el pueblo musulmán, por lo que propiamente no debería hablarse de «islamofobia» sino de «antimusulmanismo».

Los argumentos que apelan a fuerzas «profundas», «estructurales» e incluso «tectónicas» para explicar la política mundial pueden resultar convincentes en un principio, pero después de un análisis detenido, se vienen abajo. El «islam» no constituye una alternativa política o social realista a las democracias liberales occidentales, como podía serlo el comunismo, y la amenaza militar estratégica que implica, por desastrosas que sean sus consecuencias pasadas, presentes o futuras, tampoco es comparable a la que constituyó la URSS con las 40.000 cabezas de su arsenal nuclear y los millones de soldados de sus fuerzas armadas europeas. A estos hechos subyace, sin embargo, el mito más cuestionable de todos ellos, a saber, el de que, de algún modo, Occidente «necesita» un enemigo. La lógica del capitalismo muestra, por el contrario, que el mundo más deseable es aquel en el que reina la paz y en el que los países comercian y compiten de forma pacífica. Las explicaciones sustantivas que especifiquen contextos y acontecimientos no pueden ser reemplazadas por opiniones alarmistas y psicoanálisis metahistóricos de aficionados. Aparte de contribuir a exacerbar el desaliento en Occidente, las afirmaciones de este tipo son agua de mayo para los integristas musulmanes, que pueden así reivindicar que han asumido la responsabilidad de desafiar a Occidente en el momento en que el comunismo ha abandonado la lucha. Todo esto es puro camelo.

En los capítulos 4 y 5 de mi libro *Two hours that shook the world* puede encontrarse una crítica más amplia del concepto de «islamofobia»; en ella se distingue entre el prejuicio contemporáneo y perfectamente real contra personas vivas, o «antimusulmanismo», y la «islamofobia» propiamente dicha, un concepto reificado y ahistórico.

Gran parte de la política, si no toda, de los Estados de Oriente Próximo, debe entenderse en función de «conspiraciones», agendas reservadas, planes, «manos ocultas», componendas, chanchullos y manipulaciones a largo plazo por parte de poderes externos, generalmente occidentales.

P lanes y conspiraciones los ha habido en abundancia durante los dos últimos siglos de la política de Oriente Próximo, y no cabe duda de que seguirá habiéndolos, pero acogerse a este tipo de explicaciones refleja dos graves problemas sociales: primero, el recurso frecuente a teorías ficticias en vez de a argumentos sustantivos basados en hechos reales; segundo, la negación —subyacente a todas las teorías de la conspiración— de la responsabilidad y la función que al menos parcialmente desempeñan los actores y las fuerzas locales en el desarrollo de los acontecimientos. Lejos de revelarnos las causas externas de las cosas, este modo de pensar es de por sí una trampa que no sólo lleva a conclusiones erróneas y engañosas, sino que es además un síntoma y una reafirmación de la parálisis intelectual de quien lo adopta. Esto resulta evidente cuando recurrimos al criterio de verificación al que debería someterse toda presunta singularidad: la comparación. Vemos entonces que las teorías de conspiración se dan en muchos otros países como China o Serbia, y que posee también un largo pedigrí en Estados Unidos, donde las visiones políticas nativistas y paranoicas son recurrentes, si no predominantes. Buena muestra de ello son las especulaciones que durante décadas ha habido en torno al asesinato del presidente John F. Kennedy. Llegó un punto en que estas teorías eran tan populares que un grupo de servicios telefónicos de Chicago decidió crear una línea pública revisada diariamente con el nombre de Teleconspiración.

22

La crisis del mundo árabe deriva del impacto negativo que ha tenido el conflicto con Israel en los procesos de cambio social y de democratización.

Es indiscutible que el conflicto entre Palestina e Israel ha servido para reafirmar el autoritarismo de los estados vecinos: Egipto, Jordania, Líbano y Siria (si bien las relaciones entre Israel y los dos primeros se han normalizado en los últimos años y casi podrían calificarse de cordiales). En el caso de Líbano, por ejemplo, la invasión y ocupación israelí desde 1982 exacerbó las ya existentes y pujantes hostilidades internas.

Sin embargo, el conflicto árabe-israelí es, a lo sumo, una explicación parcial y, a menudo, poco más que un pretexto para la persistencia de los gobiernos autoritarios en los estados árabes; esta explicación, sin embargo, no justifica el dominio de las familias cleptocráticas y las élites políticas, del despilfarro de los ingresos provenientes del petróleo, del predominio de la censura religiosa conservadora, de la denegación de los derechos de los trabajadores o las mujeres, ni de la pobre calidad de la enseñanza.

En cualquier caso, los regímenes árabes siempre han tratado de utilizar la «prioridad urgente» del conflicto con Israel para acallar la crítica dirigida a los aspectos más represivos y antidemocráticos de sus gobiernos.

23

El Estado contemporáneo de Oriente Próximo puede explicarse partiendo de las instituciones, tradiciones y culturas de los Estados «asiáticos», «despóticos orientales» y otras formas antiguas de Estado en la región.

L a historia de los Estados de Oriente Próximo presenta largos períodos de despotismo y de aparente estancamiento socioeconómico, pero este hecho no ha tenido una relevancia directa en la transformación que desde 1800 se ha operado en la región bajo los auspicios de la modernidad internacional y de sus nuevas formas militares, ideológicas, económicas y sociales. El autoritarismo del Estado moderno deriva de evoluciones institucionales recientes, de la influencia de las fuerzas políticas nacionales e internacionales y de la capacidad de las élites gobernantes para poner en práctica sus recursos coercitivos, económicos e ideológicos a fin de mantenerse en el poder (con la ayuda, mayor o menor, manifiesta u oculta, de sus aliados internacionales).

24

Pese a las apariencias, pretensiones o simulaciones oficiales de cambio, las sociedades de Oriente Próximo están marcadas por el estancamiento de sus formas de conducta social, política e incluso económica. Este hecho ha impedido que se reflejen en la región muchos de los cambios que han tenido lugar en el resto del mundo durante la modernidad y, en particular, durante el siglo xx.

El peor de los errores que se puede cometer al analizar la situación actual de Oriente Próximo es el de presumir que existe cierta continuidad o ausencia de cambios en los procesos sociales, políticos y económicos de la región. Es cierto que, a veces, la continuidad se hace patente en las creencias o en la hegemonía de las autoridades religiosas, pero es precisamente esta continuidad la que precisa una explicación.

En general, a pesar de las abundantes referencias al perpetuo *impasse* del «despotismo oriental», la eterna e hipostasiada «mentalidad árabe» o el efecto perdurable de un «islam» monista convertido en puro fetiche, puede afirmarse que la modernidad ha traído y sigue trayendo gran cantidad de cambios a las sociedades de Oriente Próximo. Ésta es la verdad, por mucho que los partidarios militantes de nuevos cambios traten de ocultar esta evolución tras la máscara de la continuidad o del «retorno» al pasado.

El atraso económico y político del mundo árabe puede verse como el resultado de ciertos planes trazados por Occidente para asegurar la subyugación de las sociedades y economías de Oriente Próximo, y poder así beneficiarse de un control directo sobre el petróleo de la región.

En lo que atañe a la reapropiación por parte de Occidente de los ingresos provenientes del petróleo, conviene precisar que su inversión en las economías occidentales es el resultado directo de los problemas de seguridad de los Estados de la región y de su incapacidad para sanear sus propias economías. En ningún caso responde a una presunta estrategia financiera occidental. Es evidente que los bancos y los exportadores occidentales se benefician de lo que, algo eufemísticamente, se ha dado en llamar «reciclaje de capitales», pero ello no se debe a ninguna estrategia política mundial, sino a las propias fuerzas del mercado.

El petróleo ha sido una fuente constante de conflicto en Oriente Próximo y es probable que lo sea cada vez más.

En Oriente Próximo se encuentran dos tercios de las reservas mundiales de petróleo conocidas, con una cuota de producción que va en aumento y ya equivale a un tercio de la producción mundial. El petróleo de la región es y seguirá siendo fuente de graves preocupaciones estratégicas, comerciales y también medioambientales. Su explotación ha levantado protestas nacionalistas a lo largo y ancho de la región. Los cambios socioeconómicos asociados a las desigualdades y la corrupción de los Estados rentistas han alimentado, como lo hicieron en Irán en los años 1978 y 1979 o en Argelia desde 1989, una crisis social que ha ido en aumento y se ha sublimado en formas de violencia política. Pero, a pesar de las continuas guerras y conflictos interestatales que han azotado el Oriente Próximo moderno y hasta la fecha, el petróleo no ha constituido un motivo principal de enfrentamiento entre los Estados de la región.

27

En el año 2003 Estados Unidos invadió y ocupó Irak con el apoyo del Reino Unido para hacerse con el control del petróleo iraquí.

Si Washington hubiera querido hacerse con el control del petróleo iraquí mediante su monopolización o el control efectivo sobre su producción o distribución, podría haberlo conseguido a un coste económico y político mucho menor pactando con Sadam Husein. El dictador iraquí siempre quiso llegar a un acuerdo estratégico global con Estados Unidos. Ésta es la razón por la que mantuvo a raya durante tanto tiempo a sus interlocutores y potenciales socios franceses y rusos. Pero Estados Unidos y el Reino Unido tenían otros planes (véase el mito 28).

La razón por la que Estados Unidos y el Reino Unido invadieron Irak en marzo de 2003 fue la existencia en este país de un arsenal considerable de armas de destrucción masiva (ADM).

La alegación de que Irak poseía a principios de 2003 un arsenal importante de ADM —o la de que, al menos, así lo creían Washington y Londres— es totalmente infundada. La afirmación de la existencia de ADM no se debió a un presunto error de apreciación de los servicios de inteligencia ni a una verdadera convicción acerca del potencial de ADM iraquí, sino que formaba parte de la «inflación de la amenaza» —una política muy común en tiempos de la guerra fría— con la que se podían justificar acciones que respondían a razones de muy distinto orden, razones que a los gobiernos de Estados Unidos y del Reino Unido les resultaban difíciles de especificar, por ejemplo, la voluntad de recuperar el control estratégico del Asia Occidental.

Así pues, la invasión de Irak no respondió a ningún interés particular de tipo económico, sino a una mezcla de aspiraciones ideológicas heterogéneas que ganaron posiciones en Washington antes de la elección de Bush en 2000 y que habrían de arraigar en la cúpula de su administración neoconservadora. Entre estas aspiraciones contaba la de demostrar el poderío militar de Estados Unidos tanto a aliados como a enemigos, o la quimera —alimentada por el dogma y la ignorancia en su más alto grado y fomentada por el gobierno israelí— de que el derrocamiento del régimen baazista de Bagdad tendría consecuencias muy beneficiosas para el conjunto de la región. Irónicamente, el proceso de toma de decisiones de la administración Bush, elitista y reservado, fue el mismo que suele asociarse a los regímenes dictatoriales de Oriente Próximo, mientras que el gobierno baazista, a pesar de su carácter y su poder autoritario, tuvo que estar siempre pendiente de lo que la opinión pública aceptaría o no. (Véase el mito 27.)

29

La explotación de los nuevos yacimientos kazajos y azerbaiyanos del mar Caspio puede suponer una reducción significativa de la dependencia mundial del petróleo del Golfo y de la necesidad consiguiente de combatir a sus gobernantes autoritarios.

Desde el colapso de la URSS en 1991 y la ulterior aparición de varios estados productores de petróleo independientes en la costa del mar Caspio, mucho es lo que se ha oído acerca del potencial energético de esta región, sobre todo en boca de aquellos que tratan de restar peso a la influencia de Irán o de los estados del golfo Pérsico en el mercado mundial del petróleo. Este tipo de argumentos ha contado con el apoyo de especuladores occidentales, exiliados iraníes y magnates rusos del petróleo, además del de los propios Estados de la zona. Es cierto que existen reservas considerables de gas y petróleo en la región del Caspio y que éstas son mucho mayores de lo que se creía en tiempos de la Unión Soviética, pero buena parte de la publicidad sobre el potencial mundial de estas reservas ha sido inflada por razones comerciales o políticas. En primer lugar, y aun suponiendo que el resto de problemas se resolvieran, el potencial total de exportación de la región para el año 2020 se calcula en ocho millones de barriles diarios, una cantidad considerable que iguala a la producción rusa o saudí, pero que en ningún caso puede reemplazar a la del golfo Pérsico y mucho menos hacer frente al incremento de la demanda previsto para ese año.

Por otra parte, la región padece múltiples problemas políticos que no tienen visos de poder solucionarse a corto plazo: la disputa entre los Estados litorales acerca de si el Caspio es un lago o un mar (nomenclatura que afecta a la asignación de concesiones de perforación); el conflicto no resuelto entre Azerbaiyán y Armenia por el dominio del enclave de Nagorno Karabaj; la guerra de Chechenia, territorio ruso hasta la fecha; la presencia en Georgia de regiones separatistas; el conflicto de intereses transcaucásicos, rusos y turcos; y las graves consecuencias humanas y medioambientales que pueden comportar los oleoductos y el transporte marítimo del petróleo. Por si eso no bastara, la construcción de un oleoducto desde Bakú (Azerbaiyán) hasta Ceyhan (Turquía), con el que se evitaría recurrir a oleoductos y puertos rusos, se ha topado con infinidad de obstáculos a pesar del apoyo que Estados Unidos ha prestado al proyecto por motivos políticos. La exportación del petróleo del Golfo resulta, por el contrario, muy simple: los oleoductos no deben cubrir más que unos pocos centenares de kilómetros de tierra llana para llegar a los puertos, donde los barcos pueden fondear y regresar a mar abierto en cuestión de horas. Toda esta polémica ha sido resumida de forma brillante por un experto saudí en la materia: a fin de salvar las rivalidades políticas regionales, las compañías que se posicionaron a favor del petróleo del Caspio distribuyeron un adhesivo en el que se leía: «la felicidad es disponer de múltiples oleoductos»; la respuesta saudí no se hizo esperar: «la felicidad es no necesitar oleoductos».

30

La próxima causa de conflicto en Oriente Próximo será el agua. Es probable que el futuro nos depare una nueva forma de guerra: la «guerra hídrica» o guerra del agua.

Los Estados de Oriente Próximo se enfrentan actualmente a graves problemas en lo que concierne al uso del agua, pues la demanda ya sobrepasa al suministro en varias zonas y al menos en tres de ellas la cuestión del agua es o puede llegar a ser un motivo de conflicto y hasta de guerra: en el triángulo formado por Israel, Jordania y Siria se disputan el agua de los ríos tributarios del Jordán; entre los Estados de la cuenca del Nilo —Egipto, Sudán y Etiopía—, existen evidentes tiranteces en relación con el uso de sus aguas; el equilibrio entre la política turca de desviación de ríos y construcción de presas, y los actuales cursos del Éufrates y el Tigris por Siria e Irak es más bien frágil. Ninguno de estos problemas, sin embargo, tiene por qué conducir inevitablemente a guerras por el agua ni a un retorno de los conflictos causados por problemas medioambientales o por la asignación de recursos naturales, como ocurrió con el agua y el pastoreo en las sociedades primitivas. Los problemas relativos al uso *interno* del agua en cada país se pueden resolver mediante la adopción de una política razonable que evite el desperdicio de agua en planes agrícolas inadecuados. En cuanto al reparto del agua *entre* Estados, éste es perfectamente factible *siempre que haya buena voluntad política*. Así pues, la causa de conflicto debe buscarse en las rivalidades interestatales y no simplemente en la escasez de agua. (Sobre este tema, véase el libro de Tony Allan *The Middle East water question: Hydropolitics and the global economy*, I. B. Tauris, Londres, 2001.)

31

A pesar de que otros datos acerca de Oriente Próximo puedan resultar poco fidedignos, siempre podremos confiar en la precisión de las cifras de exportación de petróleo —por lo general expresadas en millones de barriles diarios (mbd)— y de los ingresos asociados.

L as estadísticas sobre las situaciones económicas nacionales y los indicadores sociales de cualquier parte del mundo son mucho menos precisos de lo que comúnmente se cree. Incluso en los Estados desarrollados, las cifras oficiales de población, renta per cápita, consumo o desempleo presentan un margen considerable de imprecisión y variación. En cuanto al resto de Estados, cualquier cifra es dudosa, salvo la que determina la superficie del territorio nacional.

Por lo que hace al petróleo, y a pesar de la costumbre de facilitar cifras de producción diarias en cada país, el cálculo preciso de la producción sólo es posible al cabo de dos años, y aun entonces existen al menos cinco formas diferentes de llegar a una cifra, según se emplee el método de la Agencia Internacional de la Energía, el del Departamento de Energía de Estados Unidos, el de BP, el de la publicación diaria *The Oil and Gas Daily* (Tejas) o el del boletín semanal

Middle East Economic Survey (Chipre). Las cifras de importación de petróleo son aún más difíciles de precisar y no existe ningún método fiable para la determinación de los movimientos financieros asociados. Las cifras estatales de ingresos anuales provenientes del petróleo son, por lo general, conjeturas más o menos fundadas, realizadas sobre los presupuestos o la información de bancos internacionales e instituciones financieras. En lo que respecta al empleo de los ingresos que provienen del petróleo, el porcentaje de éstos que se invierte en los mercados occidentales o las ganancias que arrojan estas inversiones, no disponemos de estadísticas fidedignas de ningún tipo. Para colmo, está el problema de la estimación de las reservas de petróleo, un cálculo esencial para poder evaluar el futuro de la economía mundial y los cauces de inversión adecuados. Aunque las estadísticas relativas a las reservas de cada país se emitan y se citen periódicamente, por lo general no son más que suposiciones, producto de las políticas de las naciones y las empresas petroleras, por un lado, y de los avances realizados en la tecnología de exploración del suelo, por el otro.

32

En la era de la globalización, el problema fundamental de Oriente Próximo se cifra en su exclusión de la economía mundial. Para paliarlo, es preciso promover la integración económica de la región.

Esta teoría es un desatino. En primer lugar, el mundo depende de la región para el suministro de más de un tercio de sus necesidades energéticas actuales y se espera que esta dependencia se duplique para el año 2020, a menos que se dé una de dos circunstancias remotas: que se encuentren reservas importantes de petróleo en otra parte del mundo o que se desarrolle y se introduzca con celeridad una alternativa realista al motor de combustión interna.

En segundo lugar, tanto los ingresos de los productores de petróleo de Oriente Próximo como los fondos que estos Estados distribuyen entre otros Estados de la región en forma de pagos, préstamos o subvenciones son, en grado considerable aunque no cuantificable, reinvertidos en Occidente, donde contribuyen en gran medida a la estabilidad del mercado inmobiliario y financiero. Se estima que el valor de las acciones del golfo Pérsico en los mercados financieros occidentales asciende a cinco billones de dólares (para dar una idea de lo que esto significa baste apuntar que el PIB anual de Estados Unidos ronda los 10 billones de dólares).

Por último, y para tocar otros aspectos más humanos de la cuestión, es preciso hablar de los lazos que unen a la región con Europa y, más concretamente, de la creciente tasa de inmigración de personas que cruzan el Mediterráneo para trabajar en Europa. Esta inmigración se debe en gran medida al pobre desarrollo de las economías de Oriente Próximo, y en especial, del norte de África. Occidente, en fin, que debe a esta región su religión, muchos de sus vínculos históricos con la Grecia y la Roma clásicas y buena parte de sus hábitos alimenticios y de su estilo de interiorismo, está, como lo ha estado durante más de dos milenios, inextricablemente ligado a Oriente Próximo.

Las circunstancias del mundo árabe pueden explicarse partiendo del lastre que suponen los valores tradicionales y de cierta «falta de adaptación» a la modernidad y a las nuevas reglas del juego que ésta ha traído consigo.

Durante la década de los noventa y lo que llevamos de la de 2000, esta teoría se ha convertido en el razonamiento predilecto de Occidente para explicar la situación del mundo árabe. Es también el punto de vista que subyace al informe del año 2002 del Programa de las Naciones Unidas para el Desarrollo (PNUD) acerca de Oriente Próximo o a la más reciente Iniciativa para el Gran Oriente Próximo, un fugaz episodio de relaciones públicas que Estados Unidos trató de poner en marcha en 2004. Muchos de los fenómenos que refiere el informe del PNUD son exactos, pero omiten el contexto histórico e internacional en el que estas sociedades se han formado y excluyen cualquier referencia a los dos siglos de sometimiento a Occidente, a la creación de Estados autoritarios y economías rentistas o al ulterior modelado de estas sociedades como formaciones inestables pero subordinadas.

Oriente Próximo no se ha sustraído a la influencia de la globalización ni a la tendencia mundial favorable a las políticas y economías liberales; desde principios de los noventa, se ha caracterizado por un proceso de liberalización gradual y democratización incipiente marcado por el auge de la sociedad civil.

Conforme a cualquier criterio objetivo de evaluación de la apertura de mercados o de la transición democrática real, esta afirmación es un disparate; se trata de una muestra de optimismo iluso por parte de personas bienintencionadas de la región o del exterior, o de un engaño deliberado y una propaganda descarada impulsada por los propios Estados y sus apologistas a sueldo a fin de apaciguar a la opinión pública internacional. El único Estado que ha registrado un progreso económico y político sustancial hacia la liberalización es Turquía, pero incluso en este país, el poder supremo sigue en manos del ejército, y el abuso y la limitación de los derechos humanos están a la orden del día. En Israel, a pesar del giro hacia la liberalización que ha dado su economía, el sistema democrático ha ido cayendo en manos de fanáticos religiosos, calculadores y sectarios. En Irán y los países árabes, ha habido cambios, es cierto, pero han sido cambios muy limitados y a veces regresivos.

En algunas sociedades de Oriente Próximo se ha permitido un cierto grado de libertad de expresión y de prensa; en otras se ha reducido el número de encarcelaciones, torturas y exilios. Ambas son mejoras sustantivas y muy bienvenidas, pero en otros dos frentes el balance es muy distinto. Por un lado, no se ha cumplido ninguna de las cuatro condiciones esenciales del orden democrático: la existencia de información pública y precisa acerca de la situación financiera y de la cuenta de ingresos y gastos del Estado; la presencia de partidos políticos independientes institucionalizados y protegidos por la ley; la capacidad del electorado para no reelegir a quienes detentan el poder real y la libertad total de prensa e información, dentro de los límites que estipula la legislación internacional. Por otro lado, mientras continúa el control gubernamental ejercido por medios declarados o encubiertos —entre estos últimos se incluyen a veces las falsas ONG o, como se conocen entre los escépticos, las GINGO—[1] los programas electorales y la cultura política de las propias fuerzas de la oposición se han vuelto cada vez más antidemocráticos y se han ido plegando a los dictámenes del autoritarismo religioso o confesional.

---

1. GINGO (Government Induced NGO): ONG impulsada por el gobierno. (*N. del T.*)

35

Los Estados árabes del golfo Pérsico como Kuwait o Arabia Saudí
tienen un marcado carácter feudal.

Durante los años ochenta y noventa, esta tesis apareció con frecuencia en las obras de escritores radicales árabes y antiimperialistas occidentales, en referencia a las monarquías productoras
de petróleo en el Golfo, y fue un argumento muy socorrido entre aquellos que se opusieron a la expulsión armada de Kuwait de
las tropas iraquíes en 1990-1991. Puede que en estos Estados
hayan sobrevivido regímenes patriarcales que no se corresponden
en absoluto con los ideales democráticos, pero no dejan de ser por
ello Estados perfectamente capitalistas que basan sus economías
en la venta al mercado mundial de sus recursos petrolíferos, el comercio nacional e internacional practicado conforme a criterios
capitalistas y la inversión del superávit en los mercados financieros
o inmobiliarios mundiales. Al igual que ocurre con otros términos, como «fascista» o «separatista», el término «feudal» —en
árabe *iqta'i*— ha sido sometido por la política reciente de Oriente Próximo a un abuso tal que prácticamente ha perdido su significado. Allá por los años setenta, por ejemplo, los críticos del

sha hablaban de Irán como de un país «feudal», cuando en realidad estaba en plena transformación capitalista estatal, una transformación tan violenta que condujo al país a la Revolución de 1978-1979.

La política presente y pasada de Oriente Próximo se corresponde con la preservación de los Estados, de los poderes externos y de los despotismos internos, y no guarda relación alguna con los movimientos sociales del pueblo llano.

N ada más lejos de la realidad: la historia del mundo musulmán está marcada de principio a fin por las revueltas populares, los movimientos sociales espontáneos y la emergencia de nuevas tendencias ideológicas, religiosas, étnicas y económicas. A lo largo de la modernidad —digamos que desde mediados del siglo xix—, la región ha sido testigo de numerosos movimientos populares; primero, en Irán y Egipto; luego, tras la Primera Guerra Mundial, en la mayoría de estados árabes; más tarde, concluida ya la Segunda Guerra Mundial, en manifestaciones nacionalistas comunistas y, posteriormente, islamistas. En este sentido, es muy discutible que la historia contemporánea de Oriente Próximo sea la mera historia de sus estados.

En Oriente Próximo no existen clases. El concepto mismo de «clase» y otras categorías marxistas relativas a la formación social, la economía capitalista mundial y la explotación por parte de los Estados, son irrelevantes para comprender la realidad social de la región.

L os estudiosos marxistas han trabajado durante muchos años para proporcionarnos diversos análisis de la sociedad de Oriente Próximo y de sus Estados e ideologías —incluida la religión— que encuadren todos estos fenómenos en un marco histórico y socioeconómico. Algunos de estos análisis, como los que realizaron varios marxistas radicales árabes e iraníes en los años sesenta y setenta, han sido algo simplistas, pero otros trabajos más sagaces y teóricamente viables de la tradición marxista deben contarse entre los mejores estudios de la región. Entre ellos cabe mencionar los de Hanna Batatu, Ervand Abrahamian, Maxime Rodinson, Faleh A. Jabar y algunas de las obras tempranas de Bernard Lewis. El «análisis de clases» de la región ha adquirido mala fama a causa de las simplificaciones excesivas en las que ha caído, como la de reducir al clero islámico a una mera facción «pequeñoburguesa» o la de identificar «kulaks»[1] y «campesinos medios» en la sociedad árabe o iraní. Ahora bien, cualquiera que posea un mínimo conocimiento académico de estas sociedades —y con más razón si éste es de primera mano— debe reconocer que aquellos que tienen acceso a la riqueza y al control de las rentas y la producción forman una clase dominante que, como todas las clases dominantes del mundo, se aferra a sus privilegios y trata de mantener a raya a los que tienen vedado dicho acceso. En lo que respecta al contexto general del análisis marxista, el del «modo de producción» capitalista, es, desde hace más de un siglo, el único contexto socioeconómico válido en Oriente Próximo. La fase actual de la globalización no es en este proceso más que el último capítulo, si es que puede considerarse un capítulo nuevo.

---

1. «Kulak», término despectivo usado en el lenguaje político soviético. Aludía a los granjeros ricos del Imperio Ruso que tenían grandes extensiones de tierras, como resultado de la reforma de Stolypin de 1906.

38

El islam no concibe la separación de la religión y la política, y excluye, por tanto, lo que el pensamiento europeo moderno ha dado en llamar «laicismo». Este hecho es patente en la historia islámica y encuentra expresión en el dicho musulmán *al-islam dinun wa dawlatun* (el islam es una religión y un sistema político).

Esta afirmación es la racionalización retrospectiva contemporánea de una historia mucho más compleja. La unidad del poder religioso y político del islam duró en realidad mucho menos de un siglo: desde la fundación del estado musulmán en La Meca en el 632 d.C. hasta la muerte del cuarto califa, Alí, en el 661 d.C. A partir de esta fecha, y a pesar de que todos los gobernantes hayan hecho uso del simbolismo religioso para legitimar su poder y en algún caso hasta hayan pretendido ser *sayyids* o descendientes del Profeta, siempre ha existido una distinción clara entre los dirigentes políticos (los sultanes, reyes y otras dignidades similares) y las autoridades religiosas (los ulemas). Así, el último de los tres grandes imperios islámicos, el otomano, contaba con un sultán y un *sheij al-islam* (máxima autoridad religiosa); de modo parecido, la familia Al Saud que gobierna actualmente en Arabia Saudí detenta el poder temporal, mientras que el poder religioso —subordinado al político— está en manos de los Al Sheij, descendientes de al-Wahab, fundador del movimiento religioso imperante, el wahabismo. En lo que respecta al dicho *al-islam dinun wa dawlatun*, no se trata de ningún enunciado clásico del islam recogido en algún verso del Corán o citado en los *hadices*, sino de un eslogan político decimonónico popularizado por el movimiento salafista, un grupo que germinó como oposición a las influencias occidentales en Egipto.

Una de las pruebas más evidentes, aunque menos referidas, del carácter *laico* de buena parte de la política moderna de Oriente Próximo son los propios nombres de los estados contemporáneos de la región, cuyo origen es absolutamente profano y a menudo se remonta a tiempos preislámicos. Es el caso de Egipto, Irak, Irán, Yemen, etc. El único estado de Oriente Próximo que adoptó un nombre oficial religioso es Israel. No deja de ser interesante que Israel *no* esté constituido como una República, sino como un *Estado* (en hebreo, *madinet*); y es que oficialmente el Estado actual de Israel no es sino el precursor del Estado que surgirá con el retorno del Mesías.

39

La situación económica —presente y pasada— de Oriente Próximo debe atribuirse al impacto, las prescripciones y proscripciones de las religiones de la zona.

La religión nunca ha sido un factor de peso para explicar la historia económica o, en términos más actuales, los resultados económicos comparados. Uno de los primeros objetivos de la ciencia social, ilustrado por Max Weber en su célebre análisis de la relación entre el espíritu del protestantismo y el florecimiento del capitalismo, fue el de explicar el crecimiento económico en términos religiosos y doctrinales, en un contexto de afinidades electivas y compatibilidades entre la religión y la actividad económica; esta explicación, no obstante, se basaba en un razonamiento circular. En cuanto al islam, es cierto que en teoría puede legitimar, y en la práctica ha legitimado, una serie de formas socioeconómicas que van del esclavismo y la sociedad agraria premoderna —que sin excesivo rigor suele calificarse de «feudal»— al capitalismo moderno de los estados del Golfo y ciertas formas de socialismo de Estado. Tanto sus fuentes textuales como su orientación ideológica siguen a la disposición de aquellos que, para no desentonar con la omnipresente instrumentalización moderna, quieran hacer uso de los recursos religiosos existentes para legitimar sus actividades, en este caso económicas. (Una obra de consulta clásica sobre este tema es *Islam and capitalism* de Maxime Rodinson, University of Texas Press, 1978.) Para mayor información sobre la «economía islámica», véase el siguiente mito.

40

La solución a los problemas de Oriente Próximo estriba en la aplicación de la *iqtisad-i islami* o «economía islámica».

La «economía islámica» no existe como tal, como tampoco existe la «banca islámica», la «aeronáutica islámica» o la «matemática islámica». Durante la Revolución iraní, este tipo de conceptos fue fomentado por escritores como Abolhassan Banisadr, el asesor del ayatolá Jomeini que luego se convertiría en el primer presidente de la República Islámica y que desde julio de 1981 vive exiliado en Francia. En teoría, la economía islámica no es más que un batiburrillo de ideas populistas y socialistas; en la práctica, se ha traducido en un control económico ineficiente por parte del Estado y en unas políticas de redistribución poco menos que ineficaces. En un ámbito político y regional en el que los integristas musulmanes y los ulemas pretenden poseer una opinión formada sobre cualquier materia, es sorprendente que tengan tan poco que decir acerca de una actividad humana tan esencial como la economía, aparte de cuatro lugares comunes y de la incansable repetición de que su modelo económico no es ni capitalista ni socialista. Los textos islámicos clásicos no tienen nada relevante —repito, nada— que decir sobre esta materia, más allá de exhortaciones generales —y, en su exiguo alcance, válidas— a la equidad y la redistribución de riquezas conforme al principio del *zakat*, uno de los cinco deberes fundamentales de todo musulmán.

41

La religión musulmana encarece a sus creyentes que se abstengan de participar en el sistema bancario occidental y que se limiten a operar dentro del sistema bancario islámico. El veto islámico al interés bancario, derivado de la prohibición coránica del *riba*, complica la participación de las sociedades islámicas y sus empresarios en las finanzas mundiales. Esta prohibición ha exigido la creación de un sistema bancario «islámico» paralelo, que ha registrado un crecimiento considerable durante los últimos años, sobre todo en Turquía y los países del golfo Pérsico y Asia Meridional.

En la práctica, la prohibición coránica del *riba* (literalmente, «aumento», aunque haya quien lo traduzca arbitrariamente por «interés») nunca ha impedido a los financieros musulmanes exigir o devengar los intereses de su capital, como tampoco les impide hoy día participar como inversores o acreedores en el sistema bancario y financiero internacional. El reciente desarrollo de la banca islámica no responde a la conformidad con preceptos religiosos de ningún tipo, sino al afán de cierta clase financiera pujante de Oriente Próximo y otras parte del mundo por entrar en el mercado bancario con una imagen de marca diferente. La información extraoficial que nos llega del Golfo sugiere también que las reservas o el recelo con el que muchos inversores de la región contemplan la posibilidad de depositar su dinero en bancos occidentales, así como la molestia que pueden ocasionar las consiguientes preguntas con relación al origen de sus fondos (sobre todo después del 11 de septiembre), se han traducido en una mayor confianza de estos inversores en la banca «local» o «islámica». En cierta ocasión, un experto en la materia trató de explicarme el auge de la banca islámica con estas palabras: «Es sólo otra forma de sacar la pasta de debajo de los colchones y los suelos falsos».

Lo que en realidad varía no son tanto los principios —ni mucho menos la práctica— de tomar el dinero e invertirlo, sino los reglamentos a los que estos bancos están sujetos. Como es sabido, uno de los primeros «bancos islámicos» modernos fue el malhadado —para sus inversores, que no para sus directores— Banco de Crédito y Comercio Internacional. También en Egipto se han registrado graves problemas en lo que concierne a la honradez y solvencia de las instituciones financieras islámicas. En su libro *Islam and capitalism*, Maxime Rodinson nos ofrece un buen análisis de esta cuestión y, en particular, de la actitud positiva del Corán y de la tradición islámica hacia el comercio, los márgenes de ganancia, la mano de obra asalariada y la actividad económica en general. Con relación a la definición de *riba* como «interés», Rodinson comenta: «En rigor, las conclusiones a las que se llega no cuentan con justificación alguna en el texto del Corán. Este tipo de conclusiones sólo encuentra legitimación en presuntas afirmaciones del Profeta, que no tenemos por qué considerar genuinas». Como dice Reuben Levy en su libro *The social structure of Islam* (segunda edición de *The sociology of Islam*, Cambridge University Press, 1965), la historia económica de las sociedades musulmanas, incluyendo las del Asia Meridional, se rige por la adaptación a las normas y necesidades locales y, siempre que se juzgue conveniente, por la participación activa en los mecanismos financieros internacionales. Según la interpretación habitual del hecho económico islámico, la prohibición del margen excesivo —lo que en la terminología occidental vendría a llamarse «usura» o «especulación»— se aplica únicamente a los productos de primera necesidad, como el arroz o los dátiles. (Véase en el glosario la entrada Noriba Bank.)

La persistencia de regímenes autoritarios en el mundo árabe se debe a la continua injerencia de Occidente.

Desde la creación de la agrupación de Estados de Oriente Próximo, en 1918, las potencias occidentales han intervenido en multitud de ocasiones para prestar apoyo a sus aliados políticos o comerciales, a veces de forma explícita y a veces encubierta. Alguna vez los monarcas de Jordania, Omán y Marruecos han sido rescatados gracias a la intervención militar manifiesta de Estados occidentales. Se han registrado asimismo acciones encubiertas en Irán, Siria, Omán y Yemen. Sin embargo, la relevancia de este tipo de intervenciones no debe exagerarse, puesto que las ocasiones en que Occidente no pudo salvar a sus aliados —por ejemplo en Egipto (1952), en Irak (1958), en Libia (1969) o en Irán (1979)— o conservar su posición de dominio colonial —en Palestina (1948), en Argelia (1962) o en Yemen del Sur (1967)— son igualmente numerosas.

43

«Arafat no tiene la culpa» (titular de *The Guardian*, agosto de 2004).

Desde 1967 hasta su muerte en el año 2004, Yasir Arafat fue el máximo dirigente de la Organización por la Liberación de Palestina. A pesar de la lucha que libró por la independencia de Palestina y que le valió la fama de héroe entre la población árabe, un análisis retrospectivo cuidadoso de su trayectoria nos revela que fue un pésimo estratega político y militar, pues llevó a su pueblo a guerras catastróficas como las de Jordania (1970-1971) y Líbano (1975-1982), y basó la organización política de Palestina en el amiguismo, la corrupción, la intimidación y la manipulación de los sentimientos populares. Muy dado a los discursos demagógicos, Arafat no pudo mantener el apoyo del resto de estados árabes ni encontrar una vía consistente de entendimiento con aquellos políticos israelíes que estaban preparados para aceptar una solución bilateral. Tras su retorno a Cisjordania y Gaza desde el exilio, en 1994, construyó un Estado maltrecho, dividido, cleptocrático y opresivo, que no era sino un pálido facsímil del peor nacionalismo árabe de los años cincuenta. Entre una cosa y otra, logró granjearse la enemistad de muchos occidentales e israelíes que en un principio habían defendido la viabilidad de un Estado palestino, e hizo que poco a poco su propio pueblo fuera adhiriéndose a facciones islamistas armadas como la Yihad Islámica o Hamás.

La conducta de Arafat durante los años noventa, antes y después de los Acuerdos de Oslo de 1993, dio pie en Oriente Próximo a especulaciones de todo tipo. Sin embargo, la explicación resulta bien simple: Arafat, consciente de su lugar en la historia y de los errores que otros líderes habían cometido, no quiso correr la misma suerte que Anuar al-Sadat —el presidente egipcio que firmó la paz con Israel y murió en 1981 repudiado por su propia gente— y optó por el camino del líder vietnamita Ho Chi Minh, que dedicó su vida a la reunificación de su país, pese a morir en 1969 sin ver cumplido su objetivo, pues la reunificación llegaría seis años más tarde, en 1975. En todo caso, si de algo no puede culparse a Arafat es del fracaso de la cumbre de Camp David junto a Clinton y Barak. Es cierto que la delegación palestina de Camp David llegó poco preparada, que no había logrado un apoyo nacional ni regional suficiente y que no supo negociar de forma imaginativa, pero Estados Unidos tampoco supo llevar las negociaciones por buen camino y, contrariamente a lo que se suele afirmar, los delegados israelíes no pusieron sobre la mesa ninguna propuesta concreta verosímil. (Véase el artículo de Robert Malley y Hussein Agha «What happened at Camp David», *The New York Review of Books*, abril de 2001.)

44

El Consejo de Cooperación del Golfo, agrupación que cuenta con seis Estados miembros —Arabia Saudí, Kuwait, Bahrein, Qatar, Emiratos Árabes Unidos y Omán—, se creó en 1981 a fin de promover la integración de estos países.

E l verdadero motivo no fue el de conseguir una mayor integración de estos países, posibilidad bastante remota dada la mutua desconfianza que se inspiran sus respectivos líderes, sino el de impedir que Irak —país que era por entonces la mayor potencia militar árabe del Golfo— alcanzara su objetivo: formar una unión mediante la que pudiera someter a las monarquías productoras de petróleo. Si no hubieran querido guardar las apariencias, bien podrían haber llamado a la agrupación «Mantengamos a Sadam Husein Apartado del Consejo del Golfo». Las apariencias, en todo caso, pudieron guardarse durante la década de los ochenta, mientras Irak anduvo ocupado en su guerra contra Irán —esto es, hasta 1988—; pero en agosto de 1990, cuando Irak invadió Kuwait repentinamente y lo proclamó territorio iraquí (nada menos que su «decimonovena provincia»), se abandonaron las buenas maneras, y los verdaderos propósitos del Consejo salieron a la luz.

Por medio de su embajadora en Bagdad, April Glaspie, el gobierno de Estados Unidos alentó a Sadam Husein a invadir Kuwait en agosto de 1990.

No contamos con una versión oficial estadounidense del diálogo que la embajadora Glaspie mantuvo con Sadam Husein durante su última y fatídica reunión, celebrada el 25 de julio de 1990, poco antes de la invasión iraquí de Kuwait, que se produjo el 2 de agosto. Hasta ahora, no obstante, la versión oficial iraquí no ha sido impugnada por las autoridades occidentales, por mucho que las intervenciones de Glaspie suenen como una retraducción del árabe al inglés. (Véase Micah Sifry y Christopher Cerf, editores, *The Gulf War readers: History, documents, opinions*, Random House, Nueva York, 1991.) Según esta transcripción, Glaspie dijo: «Tengo instrucciones directas del presidente para tratar de mejorar nuestras relaciones con Irak». En la conversación que sigue, la embajadora no aprueba la ocupación iraquí de Kuwait; se limita a dejar constancia de que la postura general de Estados Unidos era a este respecto la misma que mantendría cualquier Estado extranjero en relación con los conflictos fronterizos de dos estados árabes. Citando textualmente a Glaspie:

«No nos formamos ningún juicio en relación con conflictos entre estados árabes como pueden ser las discrepancias fronterizas entre su estado y el de Kuwait. En los sesenta trabajé en la embajada estadounidense en Kuwait, y ya entonces la consigna era no expresar nuestras opiniones respecto a estos asuntos, ya que no guardan relación alguna con nuestros intereses». En cualquier caso, el presunto «visto bueno» que de aquí se extrae no puede equipararse a la mucho más sustantiva «luz verde» que Estados Unidos dio a Israel antes de la invasión israelí de Líbano en julio de 1982.

Con el Acuerdo de Taif de 1989, la paz volvió a Líbano.

L a paz libanesa es, hasta cierto punto, un milagro. Líbano puso
fin a la ola de violencia interna en diciembre de 1990, pero el
país sigue bajo la ocupación militar; al sur, el conflicto entre Hizbulah
y las fuerzas israelíes continúa, y no hay visos de que pueda interrum-
pirse en un futuro próximo. Por otro lado, pese al considerable trabajo de reconstrucción y renovación que se ha llevado a cabo en el
país y sobre todo en su capital, Beirut, la sociedad libanesa sigue
dividida por sus creencias religiosas y continúan los problemas sociales debidos a la extrema pobreza de una parte importante de la
población.

Los Estados de Oriente Próximo pueden agruparse en dos categorías bien diferenciadas: la que forman aquellos Estados que están profundamente arraigados en la historia, y por tanto pueden considerarse legítimos, y la de aquellos que se crearon «artificialmente» tras el período colonial y que son, por consiguiente, Estados ilegítimos.

Todos los Estados del mundo son, en cuanto entidades políticas, coercitivas y administrativas que gobiernan territorios y pueblos, creaciones modernas. Algunos pueden aducir orígenes culturales, geográficos o etimológicos más antiguos, e incluso los hay que cuentan con tres milenios seguidos de existencia como entidades identificables (es el caso de China, Persia, Egipto o Yemen); otros deben conformarse con ser el producto moderno de una delimitación territorial accidental y de la coagulación estatal que, a menudo —aunque no siempre—, siguió al período colonial (es el caso de los de Asia Oriental, África, las Américas, Oceanía y la mayor parte de Oriente Próximo). La legitimidad, el «derecho» de un Estado y de un pueblo a existir como entidad diferenciada, no guarda ninguna relación con sus antecedentes históricos o sus pretensiones —casi siempre exageradas— de antigüedad.

La división del mundo árabe en más de veinte Estados —llevada a cabo a despecho de los esfuerzos realizados durante gran parte del siglo xx en pos de la *wahda* (unidad) del pueblo árabe— es el resultado directo de la política occidental de mantener enfrentados a los países árabes conforme a la máxima imperial «divide y vencerás». Muchos escritores islamistas han culpado a Occidente de haber fragmentado la unidad que hasta ahora reinaba en la *umma* (nación) musulmana.

Es indudable que Occidente desempeñó un papel sustancial en la división estatal del mundo árabe que siguió a la Primera Guerra Mundial. Sin embargo, la separación de los Estados árabes fue, más que cualquier otra cosa, la consecuencia natural de las rivalidades entre sus respectivos gobernantes y de la renuencia de las distintas comunidades regionales a compartir su nacionalidad o su poder con otros pueblos árabes. En las décadas que siguieron se crearon varios estados árabes, con sus propios intereses. Entre estos intereses destacaba la explotación del petróleo, a la que no todos tenían acceso, circunstancia que impidió la progresiva unión de los diversos Estados e incluso llegó a hacer de la cooperación una

tarea difícil y a menudo efímera. A estas diferencias entre gobiernos
se añadieron las que se originaban en el sentimiento popular, diferencias que resultaban evidentes en las relaciones peninsulares
entre Arabia Saudí y Yemen o entre Egipto y Siria (en 1961, por
ejemplo, la población siria se opuso a formar una República Árabe Unida con Egipto). Llegados a este punto, puede ser útil la comparación con América Latina, donde se vivió un proceso similar
a principios del siglo XIX, tras la retirada de los colonizadores españoles, cuando el proyecto de Simón Bolívar de lograr una América Latina unida se fue a pique al toparse con la resistencia local
de los gobernantes y el pueblo llano, que se opusieron a esta unidad
y acabaron por forzar —del mismo modo que en el mundo árabe—
la división del continente en una veintena de Estados independientes.

Por otra parte, la afirmación de que el imperialismo y el colonialismo dividen para vencer peca de simplista; antes bien, la estrategia habitual del colonialismo siempre fue la de unir entidades
previamente dispares, ya fueran las que componían Irlanda en el siglo
XVI, India y Sudán en el siglo XIX o Libia y el sur de Arabia en el siglo XX. Gran Bretaña apoyó en 1945 la formación de la Liga de Estados Árabes y trató sin éxito de crear otras federaciones, primero
en el sur de Arabia (1962-1967) y luego en las costas del golfo Pérsico
(1968-1971). De hecho, como bien ha subrayado Sami Zubaida en
sus conferencias, el imperialismo se rige más bien por la máxima de
«une y vencerás». Son los Estados independientes —como la India
y Pakistán (más tarde Pakistán y Bangladesh), como Irlanda, Chipre, Yugoslavia y, no lo olvidemos, también la URSS— los que suelen fomentar la fragmentación nacional.

La política occidental en el golfo Pérsico se rige por el célebre principio de «alimentar a los árabes y dejar que los persas se mueran de hambre», atribuido unas veces a sir Winston Churchill y otras a sir Percy Sykes u otras personalidades políticas.

No se sabe a ciencia cierta a quién debemos semejante frase, pero fuera quien fuera el que la dijo, su síntesis de la política occidental en esa región durante el siglo XX es del todo simplista, amén de errónea. Es más, la política occidental —es decir, británica hasta 1968 y estadounidense desde entonces— en la zona ha sido, pese a que tanto los árabes como los persas afirmen lo contrario, la de conseguir la colaboración de Irán y los Estados árabes, formar una alianza política y militar eficaz, y mitigar sus diferencias y recelos por medio de la negociación. La culpa de que esta política haya tenido tan pobres resultados no es directamente imputable a los gobiernos de Londres, París, Moscú o Washington.

Desde el colapso de la URSS, la política del Asia Central, el Caspio y la región transcaucásica puede interpretarse como la continuación del «Gran Juego» decimonónico, una estrategia conforme a la cual las grandes potencias interactuaban por medio de los Estados rivales de la región.

L a relevancia actual de la antigua rivalidad entre una Rusia en expansión y la India colonial británica es prácticamente nula. Esta comparación es un buen ejemplo de analogía histórica simplista y falaz.

En primer lugar, en el siglo XIX la cuestión del petróleo —y, por tanto, también la de los derechos de explotación, los oleoductos y la inversión en los Estados del Asia Central— era irrelevante.

En segundo lugar, los Estados de aquella época no tenían un papel real en el conflicto, mientras que ahora, una vez establecidas sus élites cleptocráticas poscomunistas, sí lo tienen.

En tercer lugar, es preciso subrayar que China, Turquía e Irán, aunque ya por entonces fueran Estados constituidos, no eran en el siglo XIX —como sí lo son en la actualidad— actores de importancia en la escena política de la región. Otros elementos nada triviales de la escena contemporánea que, a efectos prácticos, tampoco contaban en el siglo XIX son el fundamentalismo islámico y el narcotráfico.

51

De todas las regiones del mundo o, si se quiere, del Tercer Mundo, Oriente Próximo es la que más padeció durante la guerra fría.

Casi todos los conflictos que tuvieron lugar en Oriente Próximo desde 1945 hasta 1991 cumplieron algún papel en el marco de la guerra fría y fueron exacerbados por este enfrentamiento. Esto vale, por ejemplo, para los conflictos árabe-israelí, iraní-iraquí, saudí-yemení o sirio-turco. Ahora bien, la guerra fría no fue *la causa* de ninguno de ellos. Además, si se comparan con los que estallaron en Extremo Oriente, África Meridional o América Central, el número de víctimas que se cobraron y la destrucción socioeconómica que acarrearon fue mucho menor. El conflicto más costoso y prolongado de todos los que durante este período tuvieron lugar en Oriente Próximo, la guerra que enfrentó a Irán e Irak entre 1980 y 1988, no guarda ninguna relación de causa o efecto con la guerra fría.

La invasión soviética de Afganistán de diciembre de 1979 fue parte de una ofensiva estratégica emprendida por la URSS para tomar los puertos de aguas templadas del océano Índico.

Otro mito que no se basa en hechos reales, sino en leyendas de la guerra fría. Es evidente —lo era ya entonces para algunos y más tarde ha sido confirmado por gran cantidad de documentos soviéticos desclasificados— que la URSS, lejos de haber planeado la toma comunista del poder en Kabul en abril de 1978 con vistas a desplazar nuevas tropas y poner en marcha una ofensiva que las llevaría al océano Índico y a los yacimientos petrolíferos del golfo Pérsico, lo que hizo fue simplemente reaccionar de forma cauta y a veces confusa a la creciente inestabilidad registrada en Afganistán.

El envío de tropas soviéticas a la zona en diciembre de 1979 no fue más que un intento desesperado por salvar el régimen del Partido Democrático Popular del Afganistán que la URSS emprendió después de haber desoído durante largo tiempo las peticiones de socorro afganas.

Muchas especulaciones parecidas sobre la política soviética de los años setenta y ochenta, y sobre la política rusa actual se basan en el llamado «testamento de Pedro el Grande», una exhortación a la nación rusa a ganar las aguas del océano Índico. El inconveniente está en que este «testamento» es un embuste.

53

En los años ochenta los muyahidines islamistas derrotaron a las
fuerzas soviéticas de Afganistán.

Éste fue en los años ochenta uno de los argumentos principales
de la administración Reagan para proclamar el debilitamiento
de la URSS y vaticinar su caída; y, lo que es más importante, constituye también el argumento principal de aquellos que hoy tratan de
legitimizar los actos terroristas de Osama Bin Laden y Al Qaeda. La
de Afganistán pasa por ser la única «victoria» musulmana de los
tiempos modernos y ofrece un marcado contraste con el fracaso de
los planes para liberar Palestina o impedir la ocupación y división
del mundo árabe tras la Primera Guerra Mundial. Pero es evidente
que se han recargado las tintas. En diciembre de 1979, la Unión Soviética desplazó a Afganistán un contingente limitado de 130.000 soldados —una cifra que a lo sumo equivale a un cuarto de las tropas
estadounidenses desplazadas a Vietnam entre 1965 y 1973— para
impedir el derrocamiento del PDPA[1] comunista, partido que gobernaba en Kabul desde 1978. Pues bien, estas tropas cumplieron su

1. PDPA (Partido Democrático Popular Afgano).

objetivo hasta que, en 1988, se negoció su retirada. El PDPA logró sobrevivir sin el apoyo militar ruso hasta 1992, año en que se le retiró también el apoyo financiero. La campaña militar de las guerrillas contrarrevolucionarias islámicas y la posterior supresión de la ayuda material a Kabul desde Moscú fueron organizadas por servicios de inteligencia occidentales, saudíes y pakistaníes (sin cuya intercesión, dicho sea de paso, los muyahidines afganos seguirían confinados en las montañas).

54

Después de haber forzado la retirada de los rusos en 1989, Occidente perdió todo el interés que pudiera haber tenido en este país o en los movimientos políticos que en él se desarrollaran. Ésta es la razón que se esconde tras la irrupción del caos y la violencia islamista en Afganistán durante los años noventa.

Nada más lejos de la realidad. Las potencias occidentales no «olvidaron» o «abandonaron» a Afganistán; todo lo contrario: contraviniendo el acuerdo sobre la retirada soviética alcanzado por la ONU en abril de 1988, siguieron proporcionando armas y recursos financieros a los rebeldes hasta que el régimen comunista reformista se vino abajo. En abril de 1988, las fuerzas de Occidente —es decir, Estados Unidos, Gran Bretaña y sus aliados, Egipto y Pakistán— firmaron un acuerdo por el que, a cambio de la retirada de las tropas soviéticas, se comprometían a cortar el suministro a las guerrillas islamistas afganas. El Ejército Rojo abandonó el país en febrero de 1989, pero la ayuda a las guerrillas se mantuvo, a fin de forzar la caída del régimen comunista de Kabul. Durante todo este tiempo, Estados Unidos ejerció fuertes presiones políticas para que la URSS interrumpiera también su apoyo financiero al régimen afgano, pero estas presiones no alcanzaron su objetivo hasta el cambio de gobierno en Moscú que siguió al golpe de Estado fallido de agosto de 1991. A continuación, y tras la firma de un acuerdo gestionado por el secretario de Estado estadounidense James Baker, Moscú cortó el suministro de ayuda a su antiguo aliado en Kabul. El partido del presidente Nayibulah, que se había mantenido en el poder desde 1987, fue derrocado pocos meses después, en abril de 1992.

55

En los años setenta, la política de la URSS en Oriente Próximo y, más concretamente, en el golfo Pérsico, estuvo marcada por una preocupación creciente a causa de la caída de la producción soviética de petróleo y por los planes consiguientes de apoderarse del petróleo del Golfo para abastecer su propia demanda energética.

Éste es uno de los mitos occidentales sobre la Unión Soviética más persistentes e infundados de la década de los setenta. Si la URSS hubiese planeado apoderarse del petróleo del golfo Pérsico, no lo habría hecho para abastecer sus propias necesidades, sino para frenar el acceso de Occidente a estos recursos energéticos. En los años setenta la producción de petróleo soviética se mantuvo alrededor de los doce millones de barriles diarios, lo que convirtió a la URSS en el mayor productor de petróleo mundial de la década e incluso le permitió exportar cuatro millones de barriles diarios. La conexión entre Moscú y el petróleo del Golfo que realmente importaba derivaba de que la URSS, pese a no ser miembro de la Organización de Países Exportadores de Petróleo (OPEP), tenía una función parasitaria dentro de este mercado y, de hecho, durante los años 1973 y 1974 pudo beneficiarse enormemente del aumento del precio del

petróleo decretado por la OPEP. Algunos economistas han argumen-
tado que fue precisamente este aumento inesperado de los ingresos
derivados del petróleo el que permitió prolongar la vida de un sistema soviético «estancado» —como se calificó entonces— mucho
más tiempo del que cabía esperar. En todo caso, en la década de los
setenta no hubo en la URSS nada parecido a una crisis del petróleo;
si algo hubo fue una superabundancia de petróleo, que en ningún
caso se debió a las iniciativas políticas soviéticas.

56

Durante la guerra fría, la resistencia palestina y, más concretamente, el grupo al-Fatah de Yasir Arafat, fue un puntal soviético en
Oriente Próximo que cumplía las órdenes de Moscú.

Las relaciones entre la URSS y la OLP nunca fueron fáciles. Para
empezar, en 1948 Moscú reconoció oficialmente —incluso ante
Estados Unidos— al Estado de Israel y empezó a ver en el nacionalismo árabe de la región una fuerza reaccionaria, «feudal» y pro británica. En los años sesenta, cuando se creó la OLP, los dirigentes soviéticos se mostraron reacios a apoyarla o reconocerla como fuerza
política. De hecho, en su primera visita a Moscú, Arafat tuvo que
viajar en el avión que traía en visita oficial al presidente Nasser y
permaneció escondido hasta que las ceremonias de bienvenida se
dieron por concluidas y pudo salir sin ser visto. A lo largo de los años
setenta y ochenta se desarrollaron relaciones más formales, pero
nunca hubo confianza ni acuerdo por ninguna de las dos partes. La
URSS siempre insistió en que la base para una solución al conflicto árabe-israelí era el reconocimiento de dos Estados separados, uno
israelí y otro palestino, una concesión que hasta 1988 la OLP no
estuvo dispuesta a hacer.

La afirmación de que Moscú financiaba a la OLP fue muy frecuente cuando la guerra fría se dio por terminada, sobre todo entre los israelíes y sus partidarios europeos y estadounidenses. Los detalles concretos de las finanzas de la OLP no se conocen y es probable que nunca salgan a la luz, pero disponemos de información suficiente para formarnos una idea general al respecto: a finales de los sesenta y principios de los setenta la OLP contó con el apoyo de ciertos Estados árabes, sobre todo de los países del Golfo, y desde finales de los sesenta se benefició también de la recaudación de impuestos y de los ingresos derivados de chantajes en Líbano; entre una cosa y otra, la OLP pasó a gestionar —mediante millares de salidas de mercado e inversiones secretas— un fondo que algunos han tasado en 50.000 millones de dólares. El de la OLP es tal vez un caso extremo de privatización de fondos de organizaciones guerrilleras, pero durante los años ochenta y noventa esta práctica se extendió por muchas otras partes del mundo —principalmente América Latina, África y Asia— a causa de la existencia en estas regiones de abundantes ingresos provenientes del tráfico de drogas y otros productos de contrabando como los diamantes.

57

La Revolución iraní no fue un levantamiento del pueblo iraní sino una iniciativa atribuible a uno de los siguientes grupos de presión: la KGB, la BBC, un grupo de afganos enviados a Irán a instancias de los mulás o una facción pequeñoburguesa de comerciantes urbanos (*bazaaris*).

La proliferación de teorías de conspiración para explicar las causas de la Revolución iraní se debe en parte al hecho de que aún no existe un análisis fidedigno de este acontecimiento histórico. La bibliografía sobre la Revolución iraní de 1978-1979 es abundante; se pueden encontrar infinidad de publicaciones en las que se analiza y se relaciona con teorías más generales del cambio político y social. Sin embargo, hasta el momento carecemos de una relación histórica contrastada y de una explicación empírica de estos acontecimientos, basadas en los documentales y las entrevistas existentes. En su momento, las posibles causas de la Revolución levantaron mucha polémica y desde entonces han sido objeto de gran controversia. A los mitos propios de la guerra fría, que afirmaban una influencia y unos intereses soviéticos a todas luces inexistentes, se han sumado los mitos surgidos de las numerosas corrientes nacionalistas, monár quicas y liberales iraníes, que niegan que los mulás desempeñaran una función organizativa o ideológica importante en la Revolución. Es cierto que no se dispone de información suficiente para refutar este tipo de afirmaciones tendenciosas, pero sí es posible encontrar explicaciones más plausibles y fundadas.

58

El sha de Irán fue derrocado entre 1978 y 1979 a causa del viraje que dio en esos años la política de Estados Unidos y que cristalizó en la decisión estadounidense de destituirle o, como decía el propio sha en su autobiografía *The Shah's story*, echarlo «como a una rata muerta».

En última instancia este mito se basa en una premisa errónea que subyace también a otras ideas antiestadounidenses mucho más radicales: Estados Unidos es todopoderoso y, por tanto, todo lo que ocurra en cualquier país del mundo se sigue directamente de la política estadounidense. Lo que pasó realmente es que, en los últimos meses de 1978 —apenas tres años después de la ignominiosa huida estadounidense de Vietnam—, la movilización popular contra el sha tomó tales proporciones que no fue mucho lo que Estados Unidos pudo hacer para mantenerlo en el poder. Por otra parte, a finales de 1978, la atención de Washington estaba centrada en las negociaciones de Camp David, hecho que de algún modo obstaculizó la toma de decisiones políticas con respecto a Irán. Ésta es una prueba más de un fenómeno contrastado que no deja de ser sorprendente: las grandes potencias no pueden gestionar dos crisis de forma simultánea, una debilidad plasmada de forma más coloquial en el dicho estadounidense de que Washington «es incapaz de caminar y mascar chicle al mismo tiempo». Un fenómeno similar se hizo patente entre 2003 y 2005, cuando la administración Bush, completamente centrada en Oriente Próximo y especialmente en Irak, descuidó la rápida escalada del poder económico y estratégico de China en Asia Oriental.

Israel recibió de Estados Unidos una ayuda decisiva para emprender la guerra árabe-israelí de 1967, la guerra de los Seis Días, contienda que se inscribió en una ofensiva más amplia contra los Estados socialistas y los aliados soviéticos (Indonesia y Ghana [1965], Argelia [1965] y Grecia [1967]).

Aunque de algún modo puedan parecer vinculados, hay pocos indicios que apunten a una causa común para acontecimientos tan dispares como los anteriores. En todo caso, por aquella época, la coyuntura política mundial parecía haberse vuelto contra Estados Unidos, que con la escalada de la guerra en Vietnam del Sur se vio forzado a enviar un contingente de medio millón de hombres a Indochina. El estallido de la guerra de los Seis Días en 1967 no fue el resultado de ninguna estrategia occidental, sino de una serie de planes y errores de cálculo en el ámbito político de la región; el resultado, por un lado, de las ganas que desde hacía tiempo tenía Israel de atacar a la creciente potencia militar egipcia y, por el otro, de los errores tácticos que cometió Nasser en mayo de aquel año, cuando solicitó la retirada de las fuerzas de contención de la ONU, y quedó así expuesto al ataque israelí.

En 1973 Egipto entró en guerra con Israel por instigación de la URSS. En realidad, la guerra árabe-israelí se inscribió en una ofensiva soviética de mayor alcance que la Unión Soviética ya había puesto en marcha en el Tercer Mundo y que a lo largo de los años dio abundantes frutos: la Revolución de Etiopía (1974), las victorias comunistas de Vietnam, Laos y Camboya (1975), el asalto del poder del Movimento Popular de Libertação de Angola (1975), las Revoluciones de Afganistán (1978) y de Irán (1979) y las tomas de poder revolucionarias en la isla de Granada y Nicaragua —marzo y julio de 1979, respectivamente—, amén del auge del «patrocinio estatal del terrorismo» en Oriente Próximo y otras regiones del mundo.

Ésta es la crítica generalizada a la «mala conducta» soviética en el Tercer Mundo que subyace al fracaso de la política de *détente* de mediados y finales de la década de los setenta, la ascensión al poder de Ronald Reagan en Estados Unidos y el comienzo de lo que yo y otros autores hemos dado en llamar «la segunda guerra fría». Gran parte de esta crítica era una exageración y una falsedad, un análisis cómplice de hechos locales y regionales cuyo único nexo consistía en desmentir la hegemonía occidental y que, en la mayoría de los casos, ni siquiera tenían nada que ver con la política o la influencia soviética, oculta o manifiesta. El ataque egipcio a Israel en 1973 se debió a los planes políticos del presidente Anuar al-Sadat, que pretendía llegar a un acuerdo con Israel y Estados Unidos y, de paso, expulsar a las fuerzas de la URSS de sus bases en Egipto para acabar con la influencia soviética (al final, de hecho, esto fue lo que ocurrió). Este período político está tratado con mayor detalle en mi libro *The making of the Second Cold War* (Verso Books, Londres, 1983).

En la década de los setenta el mundo árabe se hizo con el «arma del petróleo», que utiliza desde entonces para influir en la política internacional y, más concretamente, para ganar el apoyo de otros países a la causa palestina.

El petróleo nunca fue una arma eficaz. De por sí, el poder financiero no suele bastar para influir en la política internacional. Los estados árabes productores de petróleo pudieron comprobarlo en la década de los setenta cuando quisieron influir en la política de otros Estados árabes y volverían a constatarlo durante la crisis de Kuwait de 1990-1991. Y si esto era válido para el resto de estados árabes, con más razón lo era para las potencias industriales y militares que formaban la Organización para la Cooperación y el Desarrollo Económico (OCDE). La amenaza que suponía el «arma del petróleo» causó una alarma considerable en Occidente a principios de los setenta, y es cierto que hubo una posibilidad real de inestabilidad financiera y escasez provisional de petróleo; de ahí que, por aquella época, se creara la Agencia Internacional de la Energía (AIE). Sin embargo, la ausencia de un poder militar eficaz que la acompañara y el hecho de que, aparte de la OCDE, no hubiera muchos importadores potenciales de petróleo —o muchos mercados financieros o de otra clase en los que invertir—, hizo que la amenaza se desinflara. Los intentos ulteriores de hacer resucitar esta «arma», como el de Sadam Husein en los años noventa, quedaron en nada. Algo más de treinta años después de que el «arma del petróleo» se blandiera por primera vez, los ingresos estatales en divisas de los estados árabes productores de petróleo siguen dependiendo del petróleo y, en lo que respecta al sistema administrativo o la enseñanza, sus sociedades están aún menos adaptadas a la economía mundial de lo que lo estaban en los años setenta. En cuanto a las teorías del poder «blando» o no militar —como la desarrollada por Joseph Nye en Harvard—, es posible que puedan aplicarse incluso a grandes potencias como Estados Unidos, pero no sirven para describir la realidad de Oriente Próximo.

62

Entre 1962 y 1967, Egipto desplazó 70.000 soldados para luchar en la guerra de Yemen, en la que resultó derrotado. De hecho, Yemen puede considerarse el «Vietnam» egipcio.

Egipto comenzó a enviar tropas a Yemen en 1962, después de que los adalides de la Revolución derrocaran el imamato o monarquía, y proclamaran la República. El nuevo Estado contaba con la oposición de los monárquicos y los partidarios del antiguo régimen, que a su vez disponían del apoyo de Arabia Saudí y Gran Bretaña. Durante los cinco años que siguieron, las fuerzas egipcias defendieron la República en una guerra sin cuartel, pero acabaron retirándose en octubre de 1967 a causa de la derrota que habían sufrido en junio en la guerra contra Israel. Sin embargo, a pesar de la retirada egipcia y las continuas ofensivas monárquicas para tomar la capital yemení, Sanaa, la República resistió. En 1970 se firmó un tratado de paz que permitió el retorno de la mayoría de partidarios de la monarquía, a quienes se les ofreció la posibilidad de integrarse en el nuevo sistema económico y político. Así pues, la defensa de la República fue un éxito y la guerra de Yemen no fue, pese a las muchas voces —algunas de ellas egipcias— que así lo afirman, el equivalente egipcio de la guerra que Estados Unidos libró en Vietnam o la URSS en Afganistán. En los años que precedieron a la Primera Guerra Mundial, Yemen se convirtió ciertamente en el «Vietnam» del Imperio otomano, pero no fue así en el caso de Egipto. En Yemen, Egipto logró sus propósitos políticos. La República sobrevivió.

63

Los militares son —o lo fueron, cuando menos, en los años cincuenta y sesenta— una «fuerza de modernización», los «nuevos hombres» de Oriente Próximo.

L a ascensión al poder de los militares en Oriente Próximo —como la que tuvo lugar en Europa y Japón durante el período de entreguerras (1918-1939)— no representó ningún avance de la modernidad o de las fuerzas «nacionales», sino la simple cesión del control del Estado a una élite rival. Es cierto que los nuevos dirigentes militares hacían uso de un lenguaje y unos métodos innovadores, pero esta aparente modernización respondía al propósito de ejercer un mayor control sobre la población, eludir las presiones externas y legitimar la apropiación corporativa y colectiva de los bienes del Estado, apropiación que los militares llevaron a cabo valiéndose de puestos y salarios gubernamentales o de la administración directa de bienes nacionalizados en su propio interés. Las organizaciones comerciales de muchos de los regímenes militares de Oriente Próximo —como Egipto, Siria, Yemen o Irak antes de 2003— son ejemplos evidentes de este tipo de práctica.

Las revoluciones y las revueltas militares nacionalistas que derrocaron las monarquías de muchos Estados de Oriente Próximo «liberaron» a sus pueblos de la opresión política y la tiranía.

Este mito fue un buen bálsamo en la década de los cincuenta y en los años que siguieron. No hay duda de que estos acontecimientos supusieron el fin de los antiguos regímenes y que, durante un tiempo, las poblaciones de estos países llevaron una vida política y social más activa que la que habían llevado hasta entonces; pero con arreglo a cualquier tipo de criterio humanitario, los nuevos regímenes republicanos de la región han sido responsables de mucha más muerte, violencia, opresión y, a menudo, corrupción y malversación de bienes públicos, que las monarquías que los precedieron. En este sentido, no se puede comparar al sha de Irán, Nuri Said en Irak o el rey Faruk de Egipto con la República Islámica, el Partido Baaz iraquí o la junta militar que gobierna Egipto desde 1952. Como en cualquier otra parte del mundo, las revoluciones de Oriente Próximo no debilitaron el poder estatal, sino que lo fortalecieron, y la «liberación» que trajeron se pagó muy cara.

El Partido Árabe Socialista Baaz que gobernó Irak hasta la invasión estadounidense de marzo de 2003 era un partido antiimperialista radical.

La ideología del Partido Baaz combinaba elementos fascistas, románticos y comunistas, y las relaciones que mantuvo con Occidente fueron igualmente variadas. A finales de los cincuenta y principios de los sesenta, hasta su primer golpe de Estado en febrero de 1963, el Partido Baaz en general y Sadam Husein en particular mantuvieron relaciones muy estrechas con los servicios de inteligencia estadounidenses. Si hemos de creer el testimonio del rey Hussein de Jordania, la CIA colaboró de manera activa en el golpe baazista de febrero de 1963, que se saldó con la muerte de millares de opositores comunistas. Más tarde, en los años ochenta, Estados Unidos y otros países occidentales apoyaron activamente a Irak en la guerra contra Irán, una guerra que habían provocado los propios iraquíes. Entre las distinguidas personalidades que visitaron Bagdad durante este período se cuenta nada menos que Donald Rumsfeld, futuro secretario de Defensa estadounidense, que en dos ocasiones ejerció de enviado del presidente Ronald Reagan.

Oriente Próximo nunca se ha mostrado muy afín al comunismo, debido a la naturaleza atea de la ideología marxista.

L a presencia del comunismo era notoria en varios países de Oriente Próximo ya en los años veinte, y en los cuarenta se hizo aún más fuerte a causa del impacto político de la Segunda Guerra Mundial. El primer Partido Comunista asiático se fundó en Irán en junio de 1920 y hacia finales de los cuarenta y principios de los cincuenta, el Partido Tudeh (de las masas) ya contaba con el respaldo de cerca del veinticinco por ciento de la población iraní. De hecho, hasta el momento éste ha sido el único partido real de la historia moderna de Irán. El Partido Comunista fue también un actor político de importancia en otros países árabes como Irak, Egipto, Sudán o Líbano. En Palestina, la única organización que apoyó la campaña en pro de los derechos palestinos durante las décadas de los sesenta y setenta en lo que, propiamente dicho, era aún territorio israelí, fue el Partido Comunista. En dos estados de Oriente Próximo, la República Democrática Popular de Yemen y la República Democrática de Afganistán, partidos que en la práctica eran comunistas, aunque adoptaran otros nombres —Partido Socialista de Yemen y

Partido Democrático Popular del Afganistán—, gobernaron durante
períodos de tiempo considerables: de 1967 a 1994 y de 1978 a 1992,
respectivamente. La afirmación de que la cultura árabe y musulmana o las aspiraciones nacionales árabes eran incompatibles con el comunismo fue
un estribillo contrarrevolucionario habitual de los monarcas, ulemas
y estadistas occidentales de la guerra fría. Lo más irónico de todo lo
que se refiere a la influencia del comunismo en la región es que
aquellos que lo combatieron con mayor ahínco —primero, el partido Baaz y más tarde, los integristas musulmanes— tomaron de éste
gran parte de su marco ideológico y su modelo de organización. (Un
buen estudio de la influencia del marxismo en la ideología del ayatolá
Jomeini es el libro *Khomeinism*, de Ervand Abrahamian, I. B. Tauris, Londres, 1993.). El propio Jomeini, pese a sus denuncias del
imperialismo *yahanjor* «devorador del mundo», celebraba también
el 1 de mayo como el día del Trabajador Islámico y solía citar un
hadiz (dicho del Profeta) en el que se daba a entender que, a los ojos
de Alá, importa más el sudor del trabajador que las plegarias de los
fieles.

En Sudán, el Frente Islámico Nacional, que llegó al poder en
1989 y puso en marcha un programa de integrismo suní radical tanto
dentro como fuera de su territorio, llevaba por entonces más de tres
décadas inspirándose en las ideas, las prácticas organizativas y el
internacionalismo utópico del comunismo.

67

El sionismo, es decir, el proyecto de creación de un Estado judío en Oriente Próximo, fue el producto de una campaña política occidental de mayor alcance para dividir y subyugar al mundo árabe y musulmán.

Esta teoría, esgrimida con relativa frecuencia, supone un vínculo mucho más estrecho que el que realmente existía entre el movimiento sionista —fundado en 1897 en una conferencia celebrada en Basilea (Suiza)— y las grandes potencias de la época. Los orígenes del sionismo deben rastrearse en el debate político e intelectual que surgió a finales del siglo XIX en los círculos judíos europeos, que asistían con inquietud al grave aumento del antisemitismo en el continente, sobre todo en la Rusia zarista, pero también en Europa Occidental. El sionismo como tal era un movimiento espontáneo y, en términos contemporáneos, «no gubernamental», que como cualquier movimiento u ONG (organización no gubernamental), trataba de ganarse la opinión de los gobiernos. Ninguna de las grandes potencias del momento fundó o apoyó de forma sistemática la causa del Estado judío hasta el fin de la Segunda Guerra Mundial, cuando, a la vista de la persecución de los judíos europeos que había llevado a cabo el Estado nazi, Estados Unidos, la URSS y posteriormente también Gran Bretaña se decidieron a abrazar esta causa. Así pues, asimilar el movimiento político, social y no gubernamental sionista a una estrategia imperial de la primera mitad del siglo XX en Oriente Próximo no es más que una simplificación.

68

El nacionalismo palestino es una creación de los Estados árabes que éstos manipulan para ejercer presión sobre Israel.

En cierto modo, esta es la versión inversa del mito precedente sobre el sionismo. Es indudable que los Estados árabes ejercieron una influencia diplomática notable en la cuestión palestina antes de que el Estado de Israel fuera creado en 1948. En mayo de ese mismo año declararon la guerra a Israel y desde entonces han tratado infructuosamente de promover la causa palestina. Es más, el primer indicio de rehabilitación de la identidad política palestina, la creación en 1964 de la Organización para la Liberación de Palestina, fue producto de una iniciativa de la Liga de Estados Árabes. Pero las estratagemas y las frecuentes poses de los Estados árabes no pueden compararse a la lucha que desde los años veinte han librado los propios representantes palestinos en pro de su causa. Incluso en los años oscuros de finales de los cincuenta y principios de los sesenta, los grupos autónomos de nacionalistas palestinos —que más tarde darían lugar a al-Fatah, por un lado, y a los más radicales Frente Popular y Frente Democrático por otro— lograron sustraerse al control de los Estados árabes. En la Palestina ocupada, la articula-

ción de las ideas palestinas corrió a cargo del Partido Comunista. Al
término de la guerra de 1967, todas las organizaciones palestinas
trataron de formar alianzas con Estados de la región y de fuera de
ella. En cualquier caso, el hecho que conformó el ideario y el carácter
del nacionalismo palestino a partir de 1948 no fue la iniciativa de
los Estados árabes, sino el rechazo israelí a la viabilidad del Estado
palestino.

69

El Estado de Israel nació para ser la «luz de las gentes».

L uz de las gentes» es una expresión bíblica que trata de conferir cierta índole moral y legitimidad religiosa al Estado judío
creado en 1948. Esta pretensión de superioridad emanada de Dios,
similar a las que, a lo largo de la historia moderna, se han adjudi-
cado estadounidenses, británicos y rusos, o al postulado del nacionalismo baazista de que los árabes tienen una «misión eterna» (*ri-
sala jalida*), sólo ha servido para distorsionar gravemente el carácter
nacional de Israel. Lejos de alumbrar un Estado especialmente moral
o ejemplar, Israel dispuso un entramado político y económico repleto
de clientelismos, corrupción y tráfico de influencias, problemas que
se vieron acentuados por la inestabilidad inherente al sistema de representación proporcional que adoptó. Fue así como, poco a poco,
Israel se convirtió en un país corrupto más de la costa meridional
del Mediterráneo.

En el ámbito internacional, Israel se atrincheró y confió su propia
supervivencia como Estado a las fuerzas armadas, que a partir de
1967 asumieron también la función de someter brutalmente a los
palestinos que poblaban su territorio; todo ello con el acompaña-

miento de una algarabía de difamaciones y acusaciones contra aquellos que se atrevían a criticar la política y los valores del Estado, ya fueran judíos o gentiles. La visión original de Herzl en su libro de 1896 *Der Judenstaat* (*El Estado judío*), conforme a la cual el soldado permanecería en los barracones, del mismo modo que el rabino se quedaría en el templo, ha resultado ser una quimera; la realidad ha sido mucho más cruel, para los árabes y para los judíos. El grado de influencia militar de la sociedad israelí se hace patente en la enorme proporción de recursos financieros estatales consumidos por las fuerzas armadas, pero también en la cantidad de políticos que se formaron en el ejército. En sus primeros cincuenta y seis años de existencia —es decir, hasta 2004— Israel tuvo nueve primeros ministros, de los cuales uno, Isaac Rabin, era una figura militar convencional y, según la información disponible, al menos cuatro de los restantes —Menahem Beguin, Isaac Shamir, Ehud Barak y Ariel Sharon— habían participado en actos ilegales que infringían las leyes de la guerra, esto es, en acciones terroristas.

Por otro lado, el carácter pseudosagrado de la expresión «luz de las gentes» ocultó el logro seglar más visible, aunque fugaz, de la incipiente sociedad israelí: la creación de comunidades que llegaron más lejos que cualquier otro experimento moderno no coercitivo de vida en una sociedad igualitaria y que hallaron su arquetipo en el sistema de los kibutz. Este experimento, surgido de las ideas socialistas de algunos de los primeros sionistas, comprendía la adopción de medidas trascendentales en favor de la vida comunitaria, la reducción —si no la abolición— de las diferencias de género, la crianza común de los hijos y la propiedad colectiva. También constituyó un compromiso firme y laico para romper las ataduras clericales y hasídicas de la tradición judía de la Europa Oriental. Por desgracia, el experimento de los kibutz no sobrevivió a los cambios que sobrevendrían en los años sesenta y setenta, y ha sido prácticamente ignorado en debates posteriores de la vida y la experimentación socialista del siglo xx.

70

Israel no es un Estado de colonos.

La aserción, fomentada por el sionismo, de que Israel *no* es un Estado colonial descansa sobre dos premisas: la primera es que Israel es la recreación de un Estado antiguo que cuenta con la sanción divina, hecho que, por un lado, le confiere legitimidad y, por el otro, un origen histórico ancestral que no puede asimilarse al colonialismo europeo moderno; la segunda es que admitir el carácter colonial de Israel supondría negar su legitimidad como Estado, pues el colonialismo carece de autoridad legal o moral. Ambos argumentos necesitan de un análisis más cuidadoso. El primero de ellos se basa en la relevancia ética o legal de los derechos atávicos sancionados por Dios. En este punto no vale la pena andarse con subterfugios: la legislación internacional contemporánea concede a este tipo de derechos una validez jurídica nula, por vehementes que sean las expresiones y los presuntos «sentimientos» que suscitan (y que sólo aparecen después de dedicar una enorme cantidad de recursos al adoctrinamiento y la instigación política y nacionalista).

Para desenmarañar el segundo argumento, debemos recurrir, como en tantos otros casos, al método de la comparación. Si «colonial» no se refiere tan sólo al ejercicio directo del poder colonial —del que son o han sido responsables muy pocos países y desde luego no el sionismo—, sino al hecho de haber nacido en un contexto colonial e imperial europeo, y con la ayuda y muchos de los valores del poder colonial, no cabe duda de que Israel es un Estado colonial. La creación del Estado israelí se basó en valores europeos de superioridad cultural y en el derecho de ocupar las tierras de otros pueblos a fin de resolver un problema intrínsecamente europeo como era el antisemitismo; contó con el apoyo —y si no con el apoyo, sí con la connivencia— de todos los Estados europeos y norteamericanos; e implicó la expulsión, destrucción y subyugación necesarias —que no accidentales— de otro pueblo y otra tierra. Este argumento fue utilizado con erudición y contundencia por el escritor francés de filiación marxista Maxime Rodinson en la década de los sesenta, y no ha sido superado por ningún análisis o estudio posterior.

Israel es sólo uno de los muchos Estados contemporáneos que se crearon de esta manera y cuya legitimidad no suele ponerse en duda; en este sentido, puede equipararse a todos los estados del continente americano, la mayor parte de los de África y Oceanía y, por supuesto, todos los de Oriente Próximo —a excepción de Irán, Arabia Saudí y Turquía—. A lo largo de la historia se han creado muchos estados y naciones que, en el breve plazo de dos o tres generaciones, han dado lugar a sociedades perfectamente funcionales. Así pues, el Estado de Israel no es ni más ni menos legítimo que muchos otros Estados del mundo, pero la validez y el reconocimiento de su condición de Estado no debe basarse en la supuesta singularidad de su historia, su religión o su sociedad, sino en una necesidad política común a cualquier Estado del mundo contemporáneo.

La declaración Balfour de 1917, redactada por el ministro de Asuntos Exteriores británico del mismo nombre, fue promovida por judíos británicos que trataban de ganar apoyo para la causa sionista, es decir, para la creación de un Estado judío (la prudente expresión elegida fue «hogar judío») en Palestina.

Pese a la gran cantidad de argumentos que mucho más tarde alegarían para corroborar la anterior afirmación tanto los partidarios del sionismo como sus críticos, la verdad es que muchos de los principales representantes de la comunidad judía británica se opusieron a esta política, al ver en ella un medio para promover el éxodo de judíos de Gran Bretaña. El único miembro judío del gabinete ministerial británico de la época, Edwin Samuel Montagu, se opuso al proyecto sionista argumentando que podía levantar hostilidades en Oriente Próximo.

El propósito original del movimiento sionista, fundado en 1897, no era el de crear en Palestina un Estado judío, sino una «patria» o comunidad judía.

Esta ficción, muy extendida y sin duda necesaria, fue concebida por los líderes sionistas en el período previo a 1948 para apaciguar a sus oponentes. En aquella época, las ideas sionistas solían expresarse públicamente de tal forma que parecían negar el objetivo de un Estado judío o presentar su decisión de luchar por ese estado como el mero resultado de la intolerancia británica o árabe. En realidad, el objetivo del sionismo siempre fue el establecimiento de un Estado judío independiente. No podía ser de otra forma, pues este era el objetivo medular de todos los movimientos nacionalistas del siglo xx. Theodor Herzl fue muy claro al respecto cuando, en referencia a la conferencia fundacional de 1897, escribió en sus *Journals*: «En Basilea creé el Estado judío. Si hoy lo afirmara públicamente, suscitaría una carcajada universal. Tal vez dentro de cinco años lo entiendan; dentro de cincuenta seguro que lo entenderán». Se equivocó sólo en nueve meses.

Los movimientos nacionalistas que surgieron durante los años cuarenta en las provincias iraníes del Azerbaiyán y el Kurdistán —y que fueron aplastados por las tropas iraníes cuando éstas reocuparon estos territorios— eran también separatistas, es decir, pretendían que estas provincias se independizaran de Irán.

L os políticos iraníes —como los del resto de Oriente Próximo— recurren con frecuencia a la acusación de «separatismo» para desacreditar a aquellas fuerzas políticas que aspiran a un mayor grado de autonomía política y cultural, perfectamente legítimo desde un punto de vista democrático. En árabe, el término *infisali* (separatista) es un insulto cuyo uso se remonta a 1961, año de la escisión de Siria de la República Árabe Unida, que había nacido en 1958 de la unión con el Egipto de Gamal Abdel Nasser. En lo que respecta a Irán, los movimientos azerbaiyanos y kurdos no proclamaron la independencia. Si nos guiamos por sus declaraciones y programas políticos, ni siquiera aspiraban a ella. Lo único que reclamaban sus líderes era una mayor autonomía frente a Teherán y el reconocimiento oficial de los derechos lingüísticos y culturales de los pueblos azerbaiyano y kurdo, respectivamente. Ambos movimientos apro-

vecharon la presencia en sus territorios de las fuerzas soviéticas
—que en 1941 habían entrado en Irán junto a sus aliados británicos, en un avance que respondía a los planes estratégicos de la Segunda Guerra Mundial— para afirmar sus derechos étnicos y regionales. La acusación de «separatismo» fue usada por el ejército del
sha para justificar la supresión de cualquier tipo de autonomía en
estas regiones y pronto pasó a formar parte de la mitología de la
guerra fría en Oriente Próximo.

Tras el derrocamiento del sha, en enero de 1979, la historia se
repitió, sólo que esta vez fueron las autoridades islamistas de Teherán
las que denunciaron a los demócratas seglares azerbaiyanos y kurdos que reivindicaban sus derechos federales de secesión.

74

Para comprender la historia de Oriente Próximo durante la Primera Guerra Mundial y el período subsiguiente es preciso reconocer la importancia histórica del oficial británico T. E. Lawrence, más conocido como Lawrence de Arabia.

T. E. Lawrence fue una figura menor —si no marginal— de la historia moderna de Oriente Próximo, cuya importancia se ha exagerado posteriormente de forma desmesurada. Esto se debe en parte a la campaña de novelización de su figura que emprendió un periódico estadounidense durante los años veinte y, en parte, a la película *Lawrence de Arabia*, protagonizada por Peter O'Toole y Omar Sharif; pero también a que llamar la atención sobre un británico simpatizante de la causa árabe —como si sólo hubiera uno— es una buena forma de disimular la traición de Londres al nacionalismo árabe. En Oriente Próximo el mito asociado a Lawrence se ha convertido también en un argumento muy utilizado por los que salieron perdiendo en la batalla por el control de Arabia y del Hiyaz librada durante los años veinte —es decir, los hachemíes, con los que colaboró Lawrence— para exagerar su propio papel histórico. La verdad es que la importancia de los hachemíes fue mucho menor.

En cuanto a Lawrence, no era un soldado, sino un funcionario político adscrito a las fuerzas árabes irregulares a las que subvencionaba el entonces soberano hachemí del Hiyaz, Sharif Hussein. Las fuerzas de Hussein estaban formadas por 3.000 soldados irregulares, faltos de cualquier formación militar, muy poca cosa si se compara con los 250.000 soldados indios y británicos de las tropas regulares que lucharon contra los otomanos. El libro *Los siete pilares de la sabiduría* de Lawrence es un ejemplar admirable de prosa, pero como fuente de estudio de la historia y la sociedad árabes, su valor es prácticamente nulo. La cualificación de Lawrence para estudiar la región también debe ponerse en duda, pues, pese a su legendaria comprensión del árabe, los conocimientos que tenía de esta lengua eran muy rudimentarios. En cuanto a la película, a pesar de haberse rodado en Jordania y contar con todo el apoyo del Estado hachemí, no fue muy del agrado de la familia real jordana, pues el retrato que ofrecía de su antepasado, el emir Faisal, un hombre que había corrido mundo y que incluso había vivido en Estambul, era el de un nómada más bien primitivo.

Desde principios del siglo XIX, como muy tarde, y sobre todo a partir de la firma del Tratado de Sèvres, que puso fin a la Primera Guerra Mundial, Occidente se ha mostrado profundamente hostil a la independencia, unidad y estabilidad de Turquía, y ha tratado de minar las aspiraciones turcas por todos los medios a su alcance, incluida la utilización partidista de la cuestión chipriota o armenia y, más recientemente, del conflicto kurdo.

Los recelos turcos ante la política «occidental» —por la que, como suele ocurrir, se entiende una política común a todos los Estados europeos y norteamericanos que, para colmo, ha permanecido invariable desde 1920 o incluso 1620— derivan de una burda simplificación. En realidad, hasta la Segunda Guerra Mundial, los Estados europeos se aliaron con el Imperio otomano con la misma frecuencia con que se enfrentaron a él. La verdadera causa de la caída del Imperio otomano hay que buscarla en la decisión de los propios gobernantes turcos de participar en la Primera Guerra Mundial y unirse al bando de Alemania y Austria. Desde entonces —tanto antes como después de la Segunda Guerra Mundial—, las relaciones políticas de los Estados occidentales con Turquía han sido muy flexibles y no han respondido a ningún plan preconcebido, sino a los fluctuantes intereses y pronósticos de cada Estado en cada momento. En lo que respecta a la cuestión kurda, de la que tanto se preocupan la mayoría de turcos, «Occidente» no ha hecho prácticamente nada que contravenga los intereses turcos, a excepción de unas pocas y angustiadas declaraciones de solidaridad con los kurdos.

76

El mundo islámico dispone de un modelo de sistema político inspirado en la forma de gobierno inaugurada por el profeta Mahoma en el año 630 d.C. y continuada por sus cuatro sucesores, los califas.

La política de las primeras décadas del islam difícilmente podría pasar por un modelo alentador, suponiendo que este modelo fuera aplicable catorce siglos más tarde. De los cuatro califas, el primero, Abu Bakr, no llegó a vivir dos años al frente del islam —un período demasiado breve para validar cualquier sistema político— y los tres restantes, Umar, Uzman y Alí, fueron asesinados.

La situación política y social contemporánea de Oriente Próximo sólo se comprende a la luz de antiguos conflictos y de antagonismos seculares o milenarios: los medos y los persas, los hijos de Abraham, el desierto («marrón») y la tierra fértil («verde»), los hijos de Adnan y de Qahtan, suníes y chiíes, los seguidores de Yazid y Muauia frente a los de Hussein y Alí, etc.

Toda la historia que precede a la memoria viva de aquellos que se encuentran actualmente involucrados en la política debe ser examinada como posible fuente de información para explicar y analizar el presente. Hay causas y factores que se retrotraen más allá del pasado reciente, pero las pruebas de su existencia deben aportarlas los que defienden este tipo de causalidad secular y no los modernistas, a los que tanto se critica por dudar de esta continuidad transepocal. Aducir identidades y animosidades que se remontan a siglos atrás para explicar o justificar las conductas y los acontecimientos actuales sólo es permisible si explicamos además los mecanismos de socialización a los que recurren los pueblos y las autoridades —mecanismos que a menudo incluyen formas diversas de violencia— y no nos limitamos a ver el presente como el mero resultado de una continuidad social inherente y etérea. Recurrir a explicaciones que se basan en héroes, guerras u odios ancestrales es sólo una forma de eludir la verdadera explicación.

Los pueblos y estados de la región están más o menos en guerra desde hace siglos, tal vez milenios.

Guerras en Oriente Próximo las ha habido en abundancia, en el pasado remoto y en el más reciente, y es probable que las siga habiendo. Ahora bien, en los últimos tiempos la región no ha sufrido más por la guerra que otras partes del mundo, como África o Extremo Oriente, y, durante el siglo XX, la guerra hizo mucho menos acto de presencia en Oriente Próximo que en el continente con el que linda al noroeste: Europa. Aunque las guerras entre otomanos y safavíes —o qajares, como se les llamó más tarde— fueran numerosas, ambos imperios coexistieron razonablemente en paz durante cuatro siglos, de 1500 a 1914. Desde 1945 se han sucedido cinco guerras árabe-israelíes, pero por catastróficas que hayan resultado para el pueblo palestino, todas se han circunscrito a un tiempo y un espacio concretos. La guerra que enfrentó a Irán e Irak entre 1980 y 1988 es la única que escapó a todo control estatal externo o regional y que se saldó con un número de víctimas que puede considerarse elevado según los patrones actuales.

Las religiones de Oriente Próximo —y particularmente el islam, el cristianismo y el judaísmo— son, como se deduce de sus textos sagrados, «religiones pacíficas».

Cualquier argumento que utilice los textos sagrados para posicionarse a favor o en contra de cierto tipo de acción —ya sea de la guerra, el capitalismo, la protección del medio ambiente o la igualdad de sexos— es falso. Además de ciertos temas fundamentales referentes a la fe, los textos religiosos suelen incluir prescripciones y opiniones divergentes relativas a la vida social y política, entre las que se cuentan las incitaciones al conflicto armado entre pueblos y estados. Quienes quieran hacer uso de los textos sagrados siempre pueden encontrar pasajes que aprueban e incluso fomentan la violencia hacia aquellos que no pertenecen a la comunidad religiosa en cuestión, pasajes que pueden utilizarse, como de hecho se han utilizado en tiempos modernos, para justificar las más terribles atrocidades. En todo caso, la elección no depende de la religión o el texto que la funde; la autoridad para afirmar la «paz» en Oriente Próximo no deriva de la religión ni recae en aquellos que la representan o la interpretan, sino que resulta de decisiones explícitas tomadas en el ámbito político contemporáneo.

Al contrario: las religiones de Oriente Próximo son «religiones belicosas».

É sta es la otra cara de la simplificación que hemos tratado en el mito precedente y puede refutarse con el mismo argumento: los textos sagrados, las historias y las tradiciones de las religiones de Oriente Próximo contienen multitud de elementos sobre los que fundar una política moderna y una ley internacional que vele por la cooperación entre pueblos, el respeto a las leyes fundamentales de la guerra y la coexistencia pacífica de Estados y comunidades. Por otra parte, si bien es posible —y frecuente— utilizar la religión para legitimar el nacionalismo moderno en general y las pretensiones de cada nacionalismo en particular —ya sea sionista o iraní, panárabe o local—, también es cierto que toda religión contiene una dosis importante de universalismo que puede servir para fomentar la convivencia de la humanidad en el reconocimiento de la diversidad positiva de pueblos, culturas y religiones.

El proceder de los Estados y los pueblos de Oriente Próximo puede explicarse con arreglo a las prescripciones de ciertos textos sagrados.

L a religión, como tal, no proporciona al creyente ninguna serie de preceptos o normas de conducta inalterables, salvo en lo que concierne a los dogmas de fe que constituyen su base teológica. Antes bien, deja espacio a las distintas interpretaciones. Para expresarlo en términos gastronómicos, no consiste en un menú fijo sino *à la carte*. Más allá de los símbolos y los esporádicos e ineficaces gestos de solidaridad que se le puedan atribuir, la religión no suministra orientación alguna para explicar o evaluar la política exterior de los Estados de la zona. En todo lo que atañe a las carreras armamentísticas, los precios del petróleo, el control de la emigración, las presiones derivadas de la globalización y demás temas políticos de importancia, la religión sólo es relevante como registro lingüístico. En aquellos puntos en los que parece haber conflicto entre las prescripciones de los textos sagrados y de la tradición, y las presiones del ámbito político moderno —la soberanía, los derechos

humanos, la protección del medio ambiente y las pretensiones nacionalistas, entre otros—, la religión ha demostrado ser sumamen-
te flexible, siempre que así lo hayan querido quienes desempeñan
el poder.

La voluntad de poder político y social, y las reivindicaciones territoriales —esto es, nacionalistas— actuales de Oriente Próximo
extraen su legitimidad de textos antiguos de origen supuestamente
divino.

En la política y la sociedad contemporáneas, la legitimidad deriva o debería derivar de los principios jurídicos y constitucionales, así como de la ley y las regulaciones internacionales. En todo
lo que respecta a estos ámbitos y a las disputas que en ellos surgen,
cualquier apelación a lo sobrenatural, lo divino o lo «tradicional»
está fuera de lugar. El recurso a justificaciones de esta índole forma
parte de una instrumentalización nacionalista del pasado que resulta
aún más evidente cuando hay pretensiones territoriales de por medio.
Cuando se analiza la política territorial, todas estas reivindicaciones
y todas las alusiones al sentimiento —al «sufrimiento», al cariño y
demás— deberían descartarse de antemano.

Los pueblos enfrentados en el conflicto árabe-israelí se disputan una «tierra santa»; sus pretensiones territoriales se basan en los textos sagrados.

La retórica y la sensiblería nacionalistas gozan actualmente de tanta popularidad que es ya un hecho casi universalmente aceptado que los pueblos, además de disfrutar del derecho a la propiedad de la tierra, se permitan conferirle a ésta un carácter étnico, popular, histórico y hasta sagrado, empleando para ello cualquier sofisma antropomórfico que tengan a mano. Ya va siendo hora de arrojar sobre todo este asunto un poco de luz racionalista. Cabalmente, ni la tierra ni la palabra escrita pueden ser consideradas santas. Desde una perspectiva humana, si la tierra tiene algún valor es porque la gente vive, ama, trabaja y muere en ella. De nada vale apelar a intervenciones divinas o de otra naturaleza ni a pretensiones particulares de exclusión. Por lo demás, tampoco existe ningún texto que pueda considerarse «sagrado». La palabra escrita en los llamados «textos sagrados» se debe a seres humanos, gran parte de los cuales —si no todos— eran varones. Cualquier especialista sensato que se halle familiarizado con los «textos sagrados» de las religiones originadas en Oriente Próximo no dudará en afirmar que estos textos son composiciones híbridas cuyas partes fueron escritas en épocas distintas, por personas distintas y bajo distintas circunstancias. De ahí deriva, precisamente, su gran flexibilidad y, a veces también, su encanto.

84

La ciudad de Jerusalén ha sido durante siglos un objeto de veneración y de deseo por parte de cristianos, judíos y musulmanes. Por algún decreto divino, Jerusalén «es» o «debería ser» una ciudad enteramente judía o musulmana o árabe, o lo que sea.

L os cristianos tienden a exagerar la importancia de Jerusalén, el lugar donde Jesucristo fue crucificado pero la relevancia histórica de esta ciudad no puede compararse a la de otros centros políticos y religiosos como Roma y Bizancio (ni a la de Kiev para los cristianos ortodoxos o Echmiadzin para los armenios). El saqueo de Jerusalén en el año 1099 por parte de los cruzados y la matanza de sus habitantes musulmanes y judíos no fue precisamente una señal de respeto hacia esa ciudad; y tampoco estará de más recordar que fue una disputa por las llaves de la Iglesia del Santo Sepulcro la que provocó la guerra de Crimea en 1854.

La obsesión de judíos y musulmanes por Jerusalén también ha sido muy inflada por las fuerzas nacionalistas en las últimas décadas. Es cierto que los judíos siempre han mostrado cierta devoción por «Sión» (véase el glosario), pero hasta hace poco, ésta era de naturaleza estrictamente espiritual o religiosa. En este sentido, es notable que durante los siglos del Imperio otomano, una época en que los judíos se establecieron en numerosas ciudades de Oriente Próximo, tan pocos lo hicieran en Jerusalén. Para los musulmanes, la importancia de la ciudad se debe a que en ella se encuentra la mezquita de al-Aqsa, de la que se cuenta que fue escenario del *miraj* (noche de la ascensión) del profeta Mahoma; sin embargo, durante la mayor parte de los catorce siglos de historia islámica, Jerusalén fue una ciudad de provincias. En tiempos del Imperio otomano ni siquiera era una capital de provincia o *vilayet*. En los primeros años del movimiento sionista, cuando el pragmatismo laico aún prevalecía, los líderes judíos como David Ben Gurión no dieron ninguna prioridad al control exclusivo de Jerusalén. De hecho, la vocinglería de políticos judíos y árabes acerca de la «indivisibilidad» de Jerusalén data en gran medida de la guerra árabe-israelí de 1967.

Por otra parte, y aun suponiendo que tengan algún tipo de validez, las reclamaciones religiosas derivadas de un presunto decreto divino sobre Jerusalén sólo se refieren a una proporción minúscula de su actual área municipal, establecida por funcionarios israelíes a partir de 1967. El centro histórico que ha originado todo el conflicto por el dominio de Jerusalén no es más que una extensión amurallada de apenas tres kilómetros cuadrados. En cierto sentido, la realidad de Jerusalén fue desvelada de forma involuntaria por los nacionalistas kurdos que en 2003 proclamaron la ciudad de Kirkuk —objeto de litigio entre kurdos y árabes— la «Jerusalén kurda». Si con ello se quería insinuar que Kirkuk poseía un carácter histórico o sagrado especial, la afirmación no podía ser más falsa; ahora bien, si los nacionalistas kurdos se referían a que la ciudad se había convertido en un lugar de conflicto interétnico a causa del nacionalismo moderno y los movimientos migratorios contemporáneos, era muy certera (aunque la reflexión valía más para Jerusalén que para Kirkuk). En resumen, no es que Kirkuk sea la Jerusalén kurda, sino que Jerusalén se ha convertido con los años en la Kirkuk judía y árabe, es decir, en un fetiche chovinista desproporcionado, objeto de exigencias nacionalistas arbitrarias e intransigentes por ambas partes. Es de suponer que ningún pueblo de la región —ni el árabe ni el judío ni el kurdo— suscribiría esta conclusión, pero no por ello es menos válida. Tal vez la verdad sobre la presunta santidad de Jerusalén saliera a la luz en abril de 2005, cuando los representantes de todas las religiones mayoritarias consiguieron *unirse*... para condenar públicamente la celebración de un acontecimiento gay. Que al final se unieran para sumar su intolerancia y no para compartir su inquietud por las miles de vidas que se ha cobrado la disputa por la ciudad es un testimonio más que elocuente de la visión moral de estos prohombres religiosos.

85

Los textos jurídicos de sanción divina —la *halajah* judía, la *sharia* islámica o el derecho canónico cristiano— pueden constituir una base clara y viable para los sistemas jurídicos del mundo contemporáneo.

Siempre hubo cierta similitud, aunque también diferencias considerables, entre el alcance y los preceptos del derecho canónico de las tres religiones. El sistema jurídico más evolucionado era la *halajah* y el menos desarrollado el de la *sharia*, quedando el derecho canónico cristiano en algún punto intermedio. Sin embargo, incluso en el caso de la *halajah*, no se puede hablar de un código único sancionado por Dios, sino de un sistema erigido —conforme a las diversas escuelas de interpretación de la Tora— sobre ciertos pasajes de los textos sagrados considerados relevantes desde una perspectiva jurídica. La *sharia*, en cuanto recopilación de los principios jurídicos recogidos en el Corán, es francamente escasa, ya que de sus seis mil versos, apenas ochenta se refieren a cuestiones jurídicas, y la gran mayoría de éstos tratan únicamente de las relaciones personales. El código que sí pudo desarrollarse ampliamente en el islam fue el *fiqh* o jurisprudencia islámica, un cuerpo de leyes que recopila los casos jurídicos que se han sucedido a lo largo de los siglos y que se divide en distintas escuelas, cuatro de ellas suníes y una chií. El experto en jurisprudencia o *fiqh* es llamado *faqih*,[1] apelativo respetuoso tradicional que, en su uso general en árabe moderno, alude también —sobre todo en el ámbito de la política, pero también en el del amor— a las personas que han perdido el contacto con la realidad, a los ilusos.

---

1. El término castellanizado es «faquí» o «alfaquí». (*N. del T.*)

86

El problema del islam es que necesita una «Reforma».

E sta sentencia, pronunciada con frecuencia por reformadores musulmanes y observadores occidentales, confunde varias cuestiones. En primer lugar, si por «Reforma» se entiende un período de debate y discusión racional en torno a la religión y la oposición a las autoridades religiosas únicas, como había sido la del Vaticano en el caso del cristianismo, se puede decir que el islam presenta rasgos similares desde hace mucho tiempo. El islam, al no contar con ninguna institución comparable al Vaticano, carece del concepto de herejía. Desde el 661 d.C., año de la división entre suníes y chiíes, nunca ha habido una única autoridad islámica. Tampoco existe la estricta jerarquía religiosa que se da en el cristianismo.

Si por «Reforma» se entiende, por el contrario, un pensamiento religioso libre de dogmas, entonces el islam lleva siglos reformándose. En la historia del pensamiento islámico abundan las tendencias abiertas y racionalistas; en este sentido, destacan los mutazilíes (siglos VIII y IX d.C.), que criticaron el pensamiento dogmático y contaron con el apoyo de personajes tan ilustres como el califa al-Mamun en el año 827 d.C. o el filósofo andaluz Ibn Arabi, que murió en 1240. Durante siglos, los pensadores musulmanes —en su mayoría chiíes, aunque no sólo de esta rama— han puesto en práctica el *ijtihad*, nombre con el que se conoce la interpretación crítica e independiente de los textos y las tradiciones sagradas. Ya en el siglo XX, muchos pensadores musulmanes han reconsiderado con un espíritu crítico y dialogante las distintas versiones e interpretaciones del islam.

En cualquier caso, este llamamiento a la «Reforma» tiende también a tergiversar cuestiones de otro orden. Por un lado, atribuye al protestantismo que siguió a la Reforma una libertad espiritual y una tolerancia hacia el pensamiento laico de las que carece el protestantismo actual, hecho que resulta especialmente manifiesto en la intolerancia y el fanatismo religioso estadounidense. Y, lo que es más importante, confunde causa y efecto: la dictadura, el autoritarismo y la parálisis intelectual de gran parte de la sociedad árabe y el mundo musulmán no se deben a la religión; antes bien, es la existencia misma de estos Estados y sociedades —cuya razón de ser es otra— la que ha desembocado en una parálisis religiosa. La solución a la censura o a la desigualdad de sexos del mundo árabe, por poner sólo dos ejemplos, no pasa por un cambio en la doctrina o la interpretación religiosa, sino por la transformación de sus propios Estados y sociedades. El islam, por otra parte, es una religión dotada de una enorme flexibilidad teológica, empezando por el principio —al que puede acogerse todo aquel que así lo desee— de que los versos del Corán no son monolitos dogmáticos inmutables, sino que se dividen en los *nasij* (los que se imponen en caso de contradicción) y los *mansuj* (que son revocable, por los *nasij*). Para la mayoría de musulmanes, por ejemplo, los versos coránicos sobre la lapidación de criminales o sobre la esclavitud son *mansuj* en el mundo contemporáneo.

La población musulmana de Oriente Próximo es, por motivos religiosos, especialmente reacia a aceptar el gobierno o la intervención sustancial de los no musulmanes.

Ésta es una de las generalizaciones más ridículas del ámbito político moderno. La resistencia de los musulmanes a ser gobernados por no musulmanes no se debe en ningún caso a la religión, sino al auge en esta región de la ideología occidental laica dominante, el nacionalismo, conforme a cuya tesis ideológica fundamental los pueblos tienen derecho a la soberanía y a la independencia dentro de un territorio «nacional» dado. Antes de que el nacionalismo se extendiera por la región, los musulmanes vivían bajo el dominio no musulmán sin que ello ocasionara demasiados problemas. Es cierto que el aislamiento del resto del mundo y una xenofobia recurrente han marcado a muchos estados islámicos —del mismo modo que antes habían marcado a Estados no musulmanes como la China medieval o los regímenes fascistas y comunistas modernos—, pero la historia musulmana es, en conjunto, una historia de interacción mediante el comercio y el intercambio cultural con el mundo no musulmán: por el este con la India, por el sur con África y por el norte y el oeste con Europa.

El islam es una religión del desierto.

El islam es una religión urbana que se desarrolló en las ciudades y trató de crear una nueva sociedad contrapuesta a la que formaban las tribus del desierto. En el Corán se habla de los «árabes», apelativo referido aquí a los nómadas, como de gente que no es de fiar y necesita que la subyuguen. El propio Mahoma era un comerciante que, al contrario que su homólogo cristiano Jesucristo, no creía en la austeridad ni en las privaciones autoimpuestas, sino en la creación de un Estado poderoso. Uno de los primeros objetivos del sistema jurídico que creó —la *sharia*, como se llamaría más tarde— fue el de erigir los códigos legislativos de la nueva fe urbana sobre la base menos consistente del derecho tribal o *urf*.

89

El islam prohíbe el consumo de alcohol.

L as doctrinas y las prácticas islámicas relacionadas con el alcohol —palabra que, dicho sea de paso, deriva del árabe— son mucho más diversas de lo que se suele creer. En ciertos versos del principio del Corán (16:67) se permite explícitamente la ingestión de *jamr* (vino); por otro lado, es bien sabido que el paraíso musulmán se describe en el libro sagrado del islam como un lugar por el que fluyen «ríos de vino». El vino, la cultura del vino y las festividades que se le asocian han sido temas recurrentes de la historia islámica, aunque tal vez sobresalgan de forma especial en la poesía persa medieval con sus cantos a los placeres del vino y del amor, o en la del poeta árabe del siglo IX Abu Nuwas, que en uno de sus poemas escribió: «Traedme vino, y, si de verdad es vino, decidme que lo es». (Véase *Poems of wine and revelry. The Khamriyyat of Abu Nuwas*, traducción de Jim Colville, Kegan Paul International, Londres, 2005.)[1] Un estudio médico medieval de Muhammad ibn

1. En España sólo existe actualmente una versión del *Jamriyyat* disponible en catalán: *Khamriyyat: poesia bàquica*, traducción de Jaume Ferrer Carbona y Anna Gil Bardají, Proa, Barcelona, 2002. (*N. del T.*)

Zacariyya al-Razi[2] (del año 1012) dedica un capítulo a las propiedades benéficas del vino, aunque en ediciones recientes este capítulo se ha eliminado. (Para un estudio más detenido del papel del vino en la sociedad medieval islámica, consúltese el célebre ensayo de Peter Heine *Weinstudien*, Harrasowitz Verlag, Wiesbaden, 1982.) Cualesquiera que sean los hábitos privados del resto de gobernantes musulmanes, debemos recordar que al menos uno de ellos, Muhammad Alí Jinnah, precisamente el primer líder del único Estado fundado de forma explícita sobre la base del Corán —Pakistán—, nunca ocultó que antes de ir a la cama gustaba de tomarse un buen vaso de whisky.

---

2. Más conocido entre los latinos como Rhazes. (*N. del T.*)

Para las mujeres musulmanas el uso del pañuelo o el velo es obligado.

Todo este asunto es muy confuso, empezando por el término «velo», que no alude a una, sino a tres clases diferentes de prendas adecuadas para la mujer: la vestimenta «decorosa», el pañuelo con el que se cubre el pelo y el velo en el sentido estricto de ocultación del cuerpo y el rostro femenino. Hasta hace poco el mandamiento relativo a la vestimenta decorosa aludía tanto al hombre como a la mujer, lo que explica las reticencias de los hombres a vestir trajes occidentales, pantalones cortos, bañadores, etc. (o la preferencia de los fundamentalistas modernos por los atuendos holgados como la *yalabiyya* árabe o el *shalwar qamiz* pakistaní).

No hay un solo verso del Corán que prescriba que las mujeres deban cubrirse el pelo o la cabeza. En el verso 33:59 se aconseja a las mujeres del Profeta que se cubran el pelo y en el 24:31 se habla de ocultar los «adornos» femeninos a la mirada de los extraños, pero la obligación de cubrirse la cabeza con un velo (*hiyab*) no tiene ninguna base canónica, y mucho menos la tiene de la de cubrirse también la parte inferior de la cara hasta los ojos (con el *litam*). De hecho, este tipo de velos no se vestían en tiempos del Profeta; su uso no se extendió hasta el siglo IX, con el Imperio abasí, y probablemente se debió a la influencia persa preislámica que suele asociarse a esta dinastía. Ninguna de las cinco escuelas principales de derecho islámico establece el uso obligatorio del velo. En realidad, no es más que un hábito moderno que se ha extendido con la ayuda del fundamentalismo moderno y la actitud intransigente de la «política identitaria». Huelga decir que la mayoría de mujeres de la historia musulmana, que trabajaron en el campo, no se cubrían la cara con ningún velo, como tampoco lo hacen hoy día. El velo islámico es, en gran medida, una institución moderna de origen urbano. El guirigay de opiniones encontradas que se ha formado en torno a este tema es tan ruidoso que apenas se para atención en que el uso obligatorio o tradicional de prendas para cubrir la cabeza de la mujer también existe en muchas otras culturas del Mediterráneo o de Oriente Próximo, como la de Italia o Grecia, por ejemplo, donde las mujeres acostumbran a cubrirse el cabello con un pañuelo, o la judía ortodoxa, que obliga a la mujer a llevar una peluca o *sheitel*.

Según las religiones «verdaderas», «auténticas» o «correctamente interpretadas» de Oriente Próximo, las mujeres ocupan una posición de igualdad —si no de superioridad— respecto a los hombres.

Desde finales del siglo XIX el mundo musulmán, tanto el de Asia Meridional como el de Oriente Próximo, ha vivido un intenso debate en torno a los derechos de la mujer y las barreras para la igualdad efectiva de sexos que representan las sociedades patriarcales actuales, los textos sagrados y las tradiciones. Uno de los pioneros de este estudio fue el egipcio Qasim Amin. Recientemente, también han escrito sobre este tema Fatima Mernissi, Nawal al-Sadawi y la ONG Women Living Under Muslim Laws. Debates del mismo orden se han mantenido y aún se mantienen en el ámbito del judaísmo o del cristianismo. Respecto a este asunto, como respecto al de la guerra, no existe un solo mensaje, sino gran variedad de interpretaciones posibles, cuya prioridad no se dirime con arreglo a los textos sagrados o a la voluntad divina, sino a los deseos y el poder de los intérpretes. Algunos escritores han tratado de basar los derechos de la mujer y la igualdad de sexos en una lectura liberal e incluso socialista de los textos y la tradición, argumentando —conforme a una tradición profundamente arraigada en el islam— que cuando un verso o dicho contradice a otro, el que tiene prioridad prevalece sobre el otro, según un proceso de derogación o *nasj*. Los criterios para llevar a cabo el *nasj* y las relaciones de poder que se esconden detrás de una buena defensa y puesta en práctica de cada interpretación varían según el caso. Es decir, que en líneas generales lo que al final inclina la balanza es la política.

92

La conquista árabe islámica de Irán en el siglo VII comportó la imposición a los pueblos de ese país de una religión que les era extraña y que no querían, hecho que desde entonces no ha dejado de oprimirles.

Según la información de que disponemos, la mayoría de los iraníes recibió la invasión árabe del siglo VII con los brazos abiertos, pues les libró del sistema corrupto, clerical y aristocrático vinculado al zoroastrismo y a la monarquía que gobernaba el país. Más tarde, a partir del siglo X, el islam y un nuevo lenguaje sincrético surgido de la fusión del persa antiguo con el árabe pondrían las bases de lo que iba a ser la edad dorada de la literatura y la arquitectura persa, y la política y la cultura iraní comenzaron a imponerse en la sociedad panislámica del Imperio abasí. El florecimiento posterior de la civilización persa que llegaría a partir de 1500, con el reestablecimiento del estado persa bajo el dominio de los safavíes, se nutrió de una fusión similar de las culturas persa e islámica (para mayor información sobre este tema, véase *The Cambridge History of Iran*, vol. 6, Cambridge University Press, Cambridge, 1986).

Antes de la llegada del islam, los habitantes de la península Arábiga y el resto de Oriente Próximo vivían en un estado de *yahiliyya* o ignorancia.

Ésta es una de las creencias fundamentales de la religión islámica, conforme a la cual, todo aquello que precedió al islam es desechable, y no vale la pena recordarlo ni tomarlo en consideración. Si con ello se alude a las religiones politeístas que predominaban en la región antes de la llegada del islam —lo que por otro lado explica la importancia que reviste la afirmación islámica de que existe *un solo* Dios—, la *yahiliyya* comprendería también la gran variedad de civilizaciones, Estados, culturas y sistemas políticos que se sucedieron en la península Arábiga durante al menos cinco siglos, y entre los que destacan los reinos árabes de Himyar, Saba y Qataban, al suroeste de la península, o la cultura nabatea, que se extendió por el nordeste. Con el término *yahiliyya* también se menosprecia la tradición poética oral que floreció en los siglos previos al advenimiento del islam. En la jerga política moderna, este término se ha usado de forma muy variada, unas veces para denunciar a los regímenes árabes corruptos, como ha hecho el fundamentalista musulmán egipcio Sayyid Qutb, y otras, como en la retórica de los líderes iraníes, para condenar a enemigos nacionalistas y sectarios como los talibanes de Afganistán.

Sin embargo, este menosprecio de la época preislámica ha pasado bastante inadvertido en todos los Estados islámicos de Oriente Próximo, con la excepción de Arabia Saudí; así, los egipcios gustan de invocar el glorioso período faraónico; los iraquíes, el mesopotámico; los libios y tunecinos, el fenicio; y los iraníes, el de los reyes de la antigua Persia. También Israel y Turquía tienden a exagerar la importancia cultural y arqueológica de un pasado antiguo que, en ocasiones se han visto obligados a inventar. En casi todos los países árabes la poesía de la *yahiliyya* es parte del temario escolar de literatura.

La verdad histórica de la vida de Jesucristo se basa en los cuatro evangelios.

La fe cristiana, una religión con creyentes en todo el mundo, se asienta sobre la afirmación de que un personaje histórico, Jesucristo, nació hacia el año 0 d.C. en Palestina, predicó la doctrina que hoy llamamos cristianismo y murió en la cruz alrededor del 33 d.C. Ahora bien, si hemos de basarnos en criterios historiográficos convencionales, las evidencias de la existencia histórica de Cristo son relativamente escasas. En primer lugar, no existen pruebas arqueológicas de ningún tipo que la respalden. Las principales fuentes textuales, los cuatro evangelios, son poco fidedignas, pues fueron escritas por cristianos y mucho tiempo después de los acontecimientos que en ellos se narran. El primero de los cuatro evangelios canónicos, el de Marcos, fue escrito en Roma hacia el año 65 d.C., tres decenios después de la muerte de Cristo; el de Lucas se escribió en Siria poco después de ese año; el de Mateo fue escrito en Palestina entre el 75 y 90 d.C.; el de Juan, en Asia Menor, entre el 90 y 100 d.C. La primera fuente no cristiana en la que se menciona a Jesús es una obra del historiador Flavio Josefo, en la que se refiere el martirio de Jacobo, «hermano de Jesús, llamado Cristo», aunque algunos expertos defienden que otro pasaje de Josefo en el que se habla de Cristo fue alterado por escribas cristianos. Uno de los problemas que presenta la historia de los comienzos del cristianismo es la afirmación de que Jesús nació en el año 1 d.C., el primero del calendario gregoriano. Los evangelios cuentan que nació en Belén, pues fue allí adonde se desplazaron para ser censados por el gobierno romano, pero en el año 1 no se levantó ningún censo, y aunque así fuera, nunca se habría realizado en invierno, pues en aquella época no era nada fácil atravesar los montes de Palestina. Por lo demás, la elección del 25 de diciembre como el día de la Natividad fue una decisión política que tomaron más tarde las autoridades romanas para sustituir la fiesta pagana que hasta entonces se había asociado al solsticio de invierno.

95

Según la Biblia, un Estado judío no debe desprenderse de la tierra judía.

É sta es la postura de los nacionalistas religiosos que aún hoy pre-
dominan en Israel. Sin embargo, como se refiere en 1 Re 9, 11,
el rey Salomón dio a Hiram, rey de Tiro, veinte ciudades de Galilea
después de que éste le trajera la madera de cedro necesaria para construir el Primer Templo; y es indiscutible que Galilea forma parte de
la «tierra judía». La franja de Gaza, escenario de un grave conflicto entre israelíes a raíz de la evacuación de sus asentamientos en el
2005, no es tierra judía desde un punto de vista histórico, puesto que
originariamente era la «tierra de los filisteos».

La fe bahaí, que surgió en Irán a mediados del siglo XIX y hoy cuenta con cerca de seis millones de creyentes en todo el mundo, no es una religión ni una fe, sino un movimiento político, y no debería equipararse al resto de religiones de Oriente Próximo.

Aunque en Occidente apenas se mencione, éste es uno de los prejuicios más perniciosos y duraderos de Oriente Próximo. El bahaísmo es una religión muy popular en Irán, país donde aún viven decenas de millares de sus adeptos, y también cuenta con un gran número de creyentes en América del Norte y algunas zonas de África. La cifra total de creyentes se calcula en unos seis millones. De todas las religiones relevantes del mundo, el bahaísmo es la que más cerca está —aunque, naturalmente, se queda un poco corta— de predicar la igualdad del hombre y la mujer, y tiene también una fuerte carga de universalismo (evidente, entre otras cosas, en la aceptación del matrimonio interétnico). A pesar de ello, Israel es el único país de Oriente Próximo donde los bahaí tienen derecho al culto público y a la asociación.

En Irán, la opinión más extendida, incluso entre la población laica, es que la fe bahaí no es una religión, sino una conspiración (respaldada por Gran Bretaña). Hasta 1979, mientras gobernó el sha, los bahaí fueron tolerados y ocasionalmente atacados con el apoyo del Estado, pero con la República Islámica se han convertido en una comunidad clandestina, constantemente vilipendiada en público y discriminada laboralmente por el Estado. La República Islámica concede reconocimiento oficial y estatuto político a tres religiones minoritarias —el zoroastrismo, el cristianismo armenio y el judaísmo—, pero no al bahaísmo. El hecho de que hasta 2004 no hayan sufrido ninguna persecución en masa o pogromo no significa nada.

97

En 1989, la máxima autoridad iraní, el ayatolá Jomeini, condenó la novela *Los versos satánicos* y dictó una *fatwa* contra su autor, Salman Rushdie.

Es cierto que el 14 de febrero de 1989 Jomeini condenó públicamente *Los versos satánicos* y que este hecho obligó al escritor a vivir custodiado por agentes de seguridad durante muchos años, a la par que incitó a las quemas públicas de su libro entre musulmanes del Reino Unido y de otros países, y a los atentados a sus editores y traductores de todo el mundo. Se dijo que el motivo de esta condena era la blasfemia en la que Rushdie había incurrido al satirizar al Profeta, una transgresión penada con la muerte por la ley islámica.

Sin embargo, esta explicación presenta varios problemas. En primer lugar, Rushdie no cometió «blasfemia» en el sentido occidental, religioso o jurídico del término, entendiendo por éste una interjección contra Dios, ya que el profeta Mahoma, al contrario que Jesucristo, nunca afirmó ser de naturaleza divina (de hecho, afirmar que lo fue es, conforme a la tradición islámica, una blasfemia). La acusación de Jomeini contra Rushdie no era la de blasfemia sino la de *kufr*, una falta mucho más común, imputable a los que niegan la existencia de Alá o, en sentido genérico, a los infieles.

En segundo lugar, la historia de los «versos satánicos», que Rushdie refirió y que resultó tan ofensiva, no era de su propia cosecha: es una narración medieval islámica clásica recogida en los escritos del afamado historiador al-Tabari. En ella se cuenta que, mientras escuchaba al ángel pronunciar la palabra de Alá —es decir, las palabras del Corán que Mahoma se limitó a reproducir—, el Profeta, que al fin y al cabo era un ser humano, pudo haber sido engañado por Satán, que le susurraba palabras al oído. Así pues, el propósito de la narración no es calumniar a Dios, sino llamar la atención sobre la fragilidad humana. El asunto acerca del cual Satán trató —sin éxito— de confundir al Profeta aludía al culto de tres diosas por parte de una tribu rival. El islam proclama que existe un solo Dios (ésta es en realidad su enseñanza fundamental: «no hay más Dios que Alá»), pero en una tentativa estratégica fallida por ganarse a esta tribu, el Profeta permitió provisionalmente que esta tribu siguiese adorando a sus diosas. La historia no es en ningún caso injuriosa con el islam y, de hecho, contiene una valiosa lección moral.

Y lo que es más importante, la declaración de Jomeini no fue una *fatwa*. Se entiende por *fatwa* el dictamen jurídico de una autoridad judicial musulmana competente en el asunto en litigio. La *fatwa* tiene que ajustarse a un formato específico y, en caso de que condene libros, debe citar las páginas y los pasajes que se consideran ofensivos. En la declaración de Jomeini ni se respetó el formato ni se citaron pasajes de la novela de Rushdie. En realidad, su proclama viene a ser algo mucho menos formal: un *hukm* (juicio), una afirmación que en derecho podía pronunciar, pero que de ningún modo puede considerarse vinculante para toda la comunidad musulmana.

Al examinar toda esta historia más de cerca, nos damos cuenta de que no tiene mucho que ver con el islam o los textos sagrados; antes bien, se trata de una ofensiva política de Irán para afirmar su hegemonía en el ámbito musulmán, semejante a la que se esconde tras los discursos demagógicos iraníes sobre la cuestión palestina. En septiembre de 1988, cuando el libro fue publicado en Irán, pasó prácticamente inadvertido, a pesar de que Rushdie era ya un escritor muy popular y no hacía mucho que había ganado el premio a la mejor novela islámica del año con su libro *Vergüenza*, un retrato crítico de la corrupción reinante en Pakistán. Pero a principios de 1989, cuando se dieron cuenta de que el libro había provocado la indignación de ciertos elementos políticos de India y Pakistán, los iraníes quisieron tomarles la delantera en la campaña de demonización de Rushdie e hicieron suyo el asunto.

El caso Rushdie fue objeto de gran controversia en Occidente, ya que un número sorprendentemente elevado de sus políticos e intelectuales criticaron a Rushdie por haber «ofendido» o «insultado» a la comunidad islámica. Una reacción muy extraña, ya que, aparte de contradecir el derecho común a la libertad de expresión —que por supuesto incluye el derecho a la sátira—, no tenía muy en cuenta que la intelectualidad de Oriente Próximo, ya fuera la de Irán o la de los estados árabes, hubiera evitado tomar parte en la polémica. De hecho, los escritores de estos países dejaron claro, de muy diversas formas, que apoyaban a Rushdie; no porque hubiera escrito ese libro en particular, sino porque, al contrario que la comunidad occidental de *bien-pensants*, podían ver que detrás de esta polémica, se escondía el verdadero problema: la libertad de expresión en los países musulmanes. Para un análisis más detallado, véase el magnífico ensayo «The importance of being earnest about Salman Rushdie» del escritor sirio Sadeq al-'Azm (M. D. Fletcher ed., *Reading Rushdie: Perspectives on the fiction of Salman Rushdie*, Rodopi B.

V., Amsterdam, 1994). El propio al-Azm también fue perseguido en 1970 por su libro *Naqd al-fikr al-dini* ([Crítica del pensamiento religioso], Dar al-Talia, Beirut), en el que se incluía una crónica sociológica del primer islam.

Conviene hacer una última consideración, de la que apenas se habló durante la controversia en torno a la *fatwa*, y es la de que conforme a la ley chií y el principio de que «los muertos no hablan» (*la qaula lil mawit*), los dictámenes de una autoridad religiosa dejan de ser válidos después de su muerte.

98

La solución al conflicto entre culturas y civilizaciones consiste en la instauración de un «diálogo interconfesional».

La expresión «diálogo interconfesional» puede interpretarse de varias maneras. Que el clero de las diferentes religiones del mundo entable un diálogo sobre sus respectivas creencias e historias y que trate de mitigar las animosidades recíprocas que han heredado, es algo muy positivo y deseable, como también lo es el esfuerzo que puedan realizar en el ámbito local o internacional las distintas autoridades religiosas para reducir las tensiones que surjan entre sus comunidades. Pero este «diálogo» puede servir también a otro propósito menos deseable: el de legitimar a esos barbudos caballeros como los principales o únicos representantes de sus comunidades y pueblos, excluyendo así no sólo a las voces laicas o críticas, sino también a aquellos creyentes que sostienen interpretaciones divergentes de la fe y de la práctica religiosa. Esto es lo que yo llamo «el diálogo de los patriarcas»; y, a menos que se demuestre lo contrario, este «diálogo» conduce a la monopolización de los asuntos internacionales y de las cuestiones de fe y libertad de expresión por parte de clérigos autoproclamados.

Las bases del diálogo interétnico e internacional no pueden establecerse sobre un monopolio patriarcal, sino sobre los textos y los valores universales de que disponemos, empezando por el conjunto de documentos de la ONU en materia de derechos humanos y por los valores comunes más generales del mundo contemporáneo. Una de las misiones principales de este diálogo sería la de invitar a los creyentes de las diversas religiones a que participaran y pusieran de manifiesto todo lo que en sus textos sagrados y tradiciones respaldara este universalismo moderno, subrayando al mismo tiempo que en *todos* estos textos y tradiciones pueden encontrarse elementos que son, conforme a cualquier interpretación, incompatibles con los valores actuales. Todas las formas de autoridad teocrática contravienen la Declaración Universal de los Derechos Humanos y otras leyes reconocidas internacionalmente.

Los albores del nuevo milenio han traído la perspectiva de un «nuevo Oriente Próximo».

Para comenzar, dejemos al margen el hecho de que para la mayoría de gente de Oriente Próximo, el año 2000 del calendario cristiano occidental no tiene por qué ser el comienzo de nada especialmente «nuevo». El lema de un «nuevo Oriente Próximo» fue anunciado a bombo y platillo por la administración de Estados Unidos entre 2003 y 2004, mientras su ejército invadía Irak y proclamaba una «gran iniciativa en Oriente Próximo» que llevaría el progreso y la reforma política a las sociedades árabes. En cualquier caso, Oriente Próximo ya ha sido supuestamente transformado en el pasado por numerosas crisis, incidentes y logros históricos: la Revolución turca de 1908, el reordenamiento colonial entre 1918 y 1920, la creación de la Liga Árabe en 1945, el fracaso de la agresión tripartita contra Egipto tras la nacionalización del canal de Suez en 1956, la Revolución iraquí de 1958, la guerra de los Seis Días en junio de 1967, la Revolución iraní de 1979, la guerra del Golfo de 1991 y la derrota del régimen baazista iraquí en 2003. Todos estos acontecimientos supusieron cambios significativos en los gobiernos de los países implicados, cambios que a su vez tuvieron repercusiones regionales de mayor alcance.

Sin embargo, con la excepción del período discurrido entre los años 1918 y 1920, la continuidad política de la región ha sido a la larga más fuerte que las discontinuidades. En lo que respecta a la historia de estas reformas, ésta comienza en 1840, con los cambios que introdujo el Imperio otomano —el *tanzimat*— y la implantación de cambios similares en Irán, forzados por presiones militares y económicas externas. Desde entonces y a lo largo de todo el siglo xx, la región ha asistido, al igual que muchas otras partes del mundo, a una sucesión constante de reformas —algunas prudentes, otras revolucionarias—, entre las que cabe destacar las asociadas a la guerra fría, los proyectos rivales del socialismo árabe o la revolución blanca de los monárquicos iraníes. Al exponer esta relación histórica no se ha querido negar la posibilidad o la necesidad actual de una reforma política en Oriente Próximo, sino simplemente dar a entender que cualquier proyecto de esta envergadura debe engendrarse en la propia región y que su consecución puede llevar mucho más tiempo del que los gobernantes externos y los redactores de sus discursos políticos están dispuestos a esperar.

100

Lo único que entiende la gente de Oriente Próximo es la fuerza.

Se dan por terminadas las operaciones militares en Irak.

GEORGE W. BUSH, 1 de mayo de 2003

En Gaza hemos conseguido lo que los estadounidenses no consiguieron en Vietnam: la pacificación absoluta.

ARIEL SHARON, 1986, entrevista con David Smith, corresponsal de ITN en Oriente Próximo (*Prisoners of God*, Quartet, Londres, 1987, p. 133)

La situación en Chechenia está volviendo a la normalidad.

VLADIMIR PUTIN, agosto de 2004, dos días antes del conflicto terrorista y del infanticidio masivo de Beslán

> Las principales operaciones militares ya han conclui-
> do y nuestras tropas ejercen el control de la situación.
>
> OMAR HASSAN AL-BASHIR, presidente de Su-
> dán, declaración hecha el 9 de febrero de
> 2004 en alusión a los enfrentamientos de la
> provincia de Darfur

A juzgar por la historia de la región desde, digamos, 1798, todo parece indicar que la proposición anterior ha sido falseada. De hecho, se diría que la gente de la región que no entiende más que la fuerza es precisamente la que ha llegado desde el exterior para someter los países de Oriente Próximo a su voluntad.

GLOSARIO DE CRISIS:
EL 11 DE SEPTIEMBRE DE 2001
Y SUS REPERCUSIONES LINGÜÍSTICAS

Todo cambio político o social comporta modificaciones del lenguaje y, en particular, del vocabulario; las épocas de crisis y de gran agitación tienden a acelerar este proceso de cambio. El período de dominio colonial europeo en Asia y África, sobre todo entre 1870 y 1950, generó todo un léxico de dominación, estatus y subordinación. Del mismo modo, las décadas de guerra fría que transcurrieron desde finales de 1940 hasta 1991 nos pertrecharon de un extenso vocabulario de denuncia: *running dogs*,[1] «simpatizantes», «rojillos», *capitalist roaders*,[2] por no hablar de lugares hoy tan olvidados como Pankow, Peiping, Formosa, la Argelia francesa o la República Democrática Popular de Yemen. Los dramas vividos en Panmunjon, Dien Bien Fu, Checkpoint Charlie o bahía de Cochinos han dejado una huella igual de efímera que la que antes dejaron otros momentos críticos del colonialismo, como los asociados a Fashoda, Agadir y Manchuoko. Así, expresiones tan habituales en otros tiempos como «paso decisivo», «cuadro político», «amante de

1. Partidario incondicional de un sistema político. (*N. del T.*)
2. Traducción inglesa de una expresión acuñada en la China de Mao que se aplicaba a los grupos o individuos de izquierdas más proclives a ceder ante las presiones burguesas y conducir así a la Revolución por la senda capitalista (*capitalist road*). (*N. del T.*)

la paz», «tigre de papel», «revisionista» o «títere» han caído prácticamente en el olvido; la palabra «defección» ha perdido mucha de su fuerza y otro tanto puede decirse de «desviacionismo». Pocos son ya los que hablan de «mareas rojas» o de «largas marchas», y aunque los términos «estalinista» y *«troika»* parezcan haber sobrevivido, no queda mucha gente capaz de explicar qué es un «macartista», un «titista», un «browderista» o un «Vopo», ni qué eran el COCOM o el COMECON.

La relación que existe entre el conflicto político y el léxico o la expresión verbal hizo correr ríos de tinta durante el siglo XX, pero dos escritores se distinguieron en este respecto por la agudeza de sus observaciones: George Orwell (*1984*) y Viktor Klemperer (*Lingua textii Imperii. La lengua del Tercer Reich. Apuntes de un filólogo*). La gran perspicacia de ambos autores ha perdurado en su obra y nos ayuda a descifrar —aunque en un contexto muy distinto— el vocabulario surgido del conflicto mundial del terrorismo.

El 11 de septiembre de 2001 y sus secuelas, tanto en Occidente —sobre todo en Estados Unidos y España— como en el mundo islámico, han tenido enormes repercusiones en el lenguaje. A raíz de estos acontecimientos, han aparecido cientos —si no miles— de palabras y expresiones nuevas; algunas han sido creadas por el fundamentalismo islámico o por los gobiernos occidentales implicados en el conflicto; otras son el mero resultado del proceso natural por el que la gente trata de adaptarse a la nueva situación. Este glosario trata de ilustrar —con resultados inevitablemente desiguales— algunos de los cambios léxicos y de nomenclatura posteriores al 11 de septiembre, así como recordar las acepciones de algunas de las palabras y nombres que la crisis ha sacado de nuevo a la palestra. Es por fuerza un cajón de sastre en el que las referencias históricas islámicas se mezclan con eufemismos utilizados por los gobiernos de Washington y

Londres. Pero más allá de mi deseo de registrar y explicar algunos de los términos e ideas surgidos tras la crisis, espero que este glosario sirva como una nueva muestra de la capacidad del hombre para apropiarse del lenguaje y amoldarlo a sus nuevas circunstancias. De ningún modo es una lista completa, pues cada día podrían añadírsele nuevos términos surgidos en Oriente y en Occidente.

Abu Hafs al-Masri. Jefe de operaciones militares de Al Qaeda que murió en 2001, durante el ataque de las tropas estadounidense en Afganistán, y cuyo nombre tomaron las Brigadas de Abu Hafs al-Masri, el grupo islamista que reivindicó la autoría de los atentados del 11 de marzo de 2004 en Madrid. Las Brigadas de Abu Hafs al-Masri asumieron también la responsabilidad del atentado al cuartel general de la ONU en Bagdad perpetrado en agosto de 2003, de los atentados contra las sinagogas de Estambul de noviembre de 2003 y de las cuatro bombas que explotaron el 10 de agosto del mismo año, también en Estambul, y que se saldaron con dos muertos y once heridos, entre ellos varios turistas extranjeros. A mediados de agosto de 2004, este grupo amenazó con «quemar» Italia si el primer ministro, Silvio Berlusconi, no retiraba las tropas italianas de Irak.

Abu Qaqa. Nombre de guerra adoptado por Bin Laden en los años ochenta. Cf. Bin Laden.

Afganistán. Literalmente, «la tierra de los afganos». Gentilicio con el que se alude a todos los habitantes del país y en particular a los pastunes. Afganistán fue fundado en 1747 y gobernado hasta 1973 por la monarquía Mohammadzai. De 1978 a 1992 el país vivió bajo el régimen comunista del Partido Democrático Popular del Afganistán (PDPA), que instauró la República Democrática de Afganistán. En 1992 la alianza muyahidín se hizo con el gobierno e inauguró la República Islámica de Afganistán, que duraría hasta 1996, año en que llegaron al poder los talibanes, quienes cambiaron nuevamente el nombre oficial del Estado por el de Emirato Islámico de Afganistán.

agente. En árabe, *amil*. Término peyorativo de uso general, muy frecuente en el discurso político árabe.

aggressive tactics (tácticas agresivas). Las utilizadas por Estados Unidos en los interrogatorios a los prisioneros de la cárcel de Guantánamo. Forma eufemística corriente de «tortura».

agresión cultural, invasión, imperialismo. Términos de uso general empleados inicialmente en los sesenta y setenta por intelectuales laicos antiimperialistas y posteriormente adoptados con gran entusiasmo por políticos islamistas iraníes en el poder o militantes de a pie de todo el mundo árabe.

ajund. Término persa de uso común y a menudo peyorativo aplicado a los clérigos musulmanes. Su derivado *ajundismo* es muy popular entre los críticos laicos del régimen clerical islámico del Irán posrevolucionario. La palabra aparece también en *The Akond of Swat*, un poema inglés de Edward Lear, donde alude a un gobernador local musulmán. Cf. mulaísmo.

Al Qaeda. En árabe, «la base» o «la fundación». Organización liderada por Osama Bin Laden, cuya existencia se anunció oficialmente el 23 de febrero de 1998 como célula de un Frente Islámico Mundial que incluía otros grupos en Egipto, Pakistán y Bangladesh. El nombre no tiene ningún antecedente conocido en la historia política islámica o árabe, pero las posibles explicaciones de su origen son muy variadas: para algunos alude a una región rebelde protegida en tiempos del comunismo afgano; para otros, «la fundación» no es sino la empresa constructora de la familia Bin Laden; hay incluso quien lo ha asociado a la novela *Fundación*, de Isaac Asimov (primera de la serie de las *Fundaciones*), que se tradujo al árabe con el título de *Al Qaeda* y que narra la caída de un poderoso imperio llamado Trántor.

Al Yazira. En árabe, «isla» o «península». Usualmente se refiere a la península Arábiga o a lo que en español, que no en árabe, se llama a veces Arabia. Es también el nombre de una cadena de televisión panarábiga establecida en Qatar en 1996.

Bin Laden suele referirse a Arabia Saudí, cuyo nombre oficial rechaza, como *yazirat Muhammad* (la península de Mahoma). El uso de esta nomenclatura por parte del líder de Al Qaeda parece implicar, por un lado, que *toda* la península Arábiga es un solo territorio, sin distinción entre Arabia Saudí —que ocupa sus cuatro quintas partes— y los otros seis Estados que lo integran (Yemen, Kuwait, Omán, Bahrein, Qatar y los Emiratos Árabes Unidos); por otro lado, da a entender que la península entera es sagrada, y no sólo las ciudades santas de La Meca y Medina y sus alrededores (cf. Meca, La). La primera implicación se asocia, entre los ciudadanos no saudíes, a una voluntad de expansionismo; la segunda carece de cualquier fundamento jurídico o coránico.

Alarma de Seguridad Elevada. Intensificación del registro de pasajeros aéreos y la vigilancia de edificios públicos a la luz de informaciones o intuiciones que apuntan a un posible atentado terrorista.

Alianza del Norte. Grupo disperso de guerrillas no pastunes opuestas al régimen talibán, entre las que se cuentan los muyahidines que gobernaron Afganistán entre 1992 y 1996. La Alianza del Norte está integrada en su mayor parte por tayikos y uzbecos. Su líder, Ahmed Shah Masud, resultó herido de muerte en un aten-

tado contra su persona dos días antes del 11 de septiembre de
2001. Es razonable suponer que ambos sucesos estuvieron relacionados de algún modo.

alma del islam. Abstracción engañosa. Aquello por lo que se dice
que «luchan» los líderes «moderados» u occidentales del mundo
musulmán. Más allá de su turbia naturaleza epistemológica, la
expresión insinúa algo que la realidad, el conocimiento y el
sentido común desmienten: que existe o podría existir una opinión única o predominante en el mundo del islam. En cualquier
caso, no debe confundirse con la opinión pública musulmana.
Cf. *Arab Street*.

amir al-muminin. En árabe, «príncipe de los fieles». Título tradicional
de los jefes musulmanes que se arrogó el mulá Omar, máxima
autoridad de los talibanes. Es también uno de los títulos oficiales
de los reyes de Marruecos.[1]

al-Andalus. Termino árabe, derivado de la palabra «vándalo» (*vandalus*
o *bandalus*), con el que se designa la España musulmana, que duró
poco menos de ocho siglos (desde el 711 al 1492). Se refiere tanto
al reino como a la literatura y la cultura del período. Geográficamente, al-Andalus abarcaba mucho más que la actual región de
Andalucía, una comunidad autónoma formada por ocho provincias y con una población de 7,3 millones de habitantes.

En la cultura árabe moderna, al-Andalus se asocia a la riqueza cultural, la diversidad religiosa, la ciencia y la arquitectura;
de ahí, la gran cantidad de farmacias, cafés, hoteles, editoriales
y cines de todo el mundo árabe que llevan este nombre. En la
poesía y la música árabes contemporáneas la influencia andaluza

---

1. El término castellanizado «miramamolín» designa específicamente a los
califas almohades. (*N. del T.*)

es notoria. Del mismo modo, la música y la danza flamencas españolas dan cuenta de una prolongada influencia árabe. La reivindicación formulada en alguna ocasión por Osama Bin Laden de que la Andalucía moderna sigue siendo, en cierto sentido, territorio árabe, y debe ser reconquistada, es en gran medida un sentimiento excéntrico y minoritario, sin una resonancia real en la política árabe moderna. Durante mucho tiempo, la historia cristiana ortodoxa negó la cultura de al-Andalus y la contribución de ésta al desarrollo de la lengua y la civilización española, pero esta postura fue puesta en entredicho por el arabismo, un movimiento del siglo XIX enmarcado en una crítica liberal más amplia de la visión histórica dominante en España, que trató de integrar a los musulmanes en la historia católica y la cultura del país.

La celebración contemporánea de al-Andalus como un reino de tolerancia cultural y religiosa puede ejercer un influjo positivo en el mundo árabe, al actuar de contrapeso a la intolerancia fundamentalista y la hostilidad hacia influencias no musulmanas, pero también puede servir para confundir el debate actual —en la medida en que, cuando se inscribe en ese sistema, elude las formas de discriminación de los no musulmanes— y para dar el fatídico paso de legitimar la política actual aludiendo a ejemplos supuestamente perfectos del pasado, un tropo por el que los fundamentalistas sienten especial apego. Rescatar un pasado ideal para legitimar posiciones actuales —sea La Meca del siglo VII, el Israel davídico o la Persia preislámica, por no hablar de la caballería artúrica anglosajona— es un ejercicio peligrosísimo.

al-Anfal. En árabe, «el botín». Título de un verso del Corán invocado con frecuencia por terroristas suicidas que se preparan para entrar en acción. También se llamó así a la campaña que lanzó el Gobierno baazista contra los kurdos iraquíes en 1988.

Anti-American (antiamericano). Calificativo de uso común en Estados Unidos para despreciar y repudiar cualquier forma legítima de disenso. Cf. antiislámico, guerra contra el islam.

antiislámico. Adjetivo de uso general tanto en Oriente Próximo como en otros países musulmanes. Empleado a menudo por patriarcas, clérigos y otros defensores de la autoridad tradicional para desacreditar cualquier opinión crítica o independiente. Los numerosos ejemplos de abuso de este adjetivo incluyen el rechazo por parte del Gobierno saudí de las peticiones del sector liberal de la ciudadanía a favor de una monarquía constitucional, las objeciones del Gobierno sudanés a los informes redactados por organizaciones humanitarias sobre las atrocidades cometidas en Darfur, la denuncia por parte del Gobierno iraní de llamamientos ciudadanos a la libertad de expresión, así como las numerosas *fatwas* y demás resoluciones dictadas por los grandes ulemas de Egipto, Arabia Saudí y otros países, que condenan cualquier opinión o interpretación de la ley islámica o coránica que no sea de su agrado. No está de más recordar, a modo de comparación, que en 1933 los nazis justificaron la quema de libros judíos alegando que eran antialemanes (*undeutsch*). Cf. guerra contra el islam, *Anti-American*.

antisionismo. Término muy maleable. En general, se refiere al movimiento que hasta 1948 se opuso al establecimiento de un Estado judío en Palestina y, en especial, al que se dio dentro de la propia comunidad judía. Desde 1948, y particularmente tras la guerra de 1967 y la creciente hostilidad internacional hacia Israel que ésta motivó, alude a la oposición al carácter exclusivamente judío de Israel y/o a la propia existencia de un Estado israelí. Si antes se llamaba antisionistas a los partidarios de adoptar una solución al problema de la persecución de los judíos desde los propios países de la diáspora, en tiempos más recientes se llama así a los que claman por el fin de la discriminación de los gentiles en Israel y repudian la reivindicación de Israel como la patria de todos los judíos del mundo.

Las primeras formas de antisionismo se dieron, por una parte, en grupos religiosos que sostenían que no podía haber ningún Estado judío en la tierra antes del retorno del Mesías y, por otra, en grupos socialistas que veían la solución al problema de la persecución de los judíos en el contexto de una revolución anticapitalista europea. Ambas líneas de pensamiento perdieron gran parte de su vigencia tras los años cuarenta; la primera, porque el Estado judío se estableció efectivamente; la segunda, porque la masacre de judíos durante el nazismo y la persistencia del antisemitismo en la URSS invalidaron la aspiración a una solución socialista para «la cuestión judía».

Por mucho que los defensores del antisionismo traten de desmarcarse de la ideología racista del antisemitismo y articulen críticas válidas del Estado judío, basadas en preceptos del derecho internacional y los derechos humanos, buena parte de la retórica del movimiento antiisraelí en Oriente Próximo y Occidente trasluce tópicos antisemitas. Por ejemplo, la consideración del sionismo como una forma de racismo (argumento ampliamente difundido desde que, en los años setenta, fuera aprobada una resolución de la ONU que así lo expresaba) se fundamenta a menudo en presupuestos antisemitas implícitos. La práctica y la ideología sionistas, como las de la mayor parte de nacionalismos, dan cabida a sentimientos de superioridad étnica y discriminación de los extranjeros, es cierto, pero lo mismo se puede decir del nacionalismo árabe en su manifestación baazista, por ejemplo, o del nacionalismo turco, del iraní, etc. (como también del nacionalismo chino, ruso, inglés o estadounidense), lo que en ningún caso implica que estas naciones no tengan derecho a constituirse en Estado, una reivindicación que subyace, sin embargo, a la identificación del sionismo con el racismo.

Antiterrorism, Crime and Security Act (Ley de antiterrorismo, crimen y seguridad). Ley británica aprobada en 2001, tras el 11 de septiembre. Ampliación de una ley anterior aprobada en 2000. Implica un recorte sustancial de las libertades civiles, aunque no va tan lejos como la Ley Patriota estadounidense.

antiterrorismo. Conjunto de políticas de reacción al terrorismo. Cf. contraterrorismo.

ántrax maligno o carbunco. Arma biológica usada tras el 11 de septiembre en diversos atentados contra EE UU que aún no han sido explicados de forma convincente. El nombre deriva del griego *anthrax*, pedazo de carbón (de ahí la «antracita»), forúnculo o carbunclo. Desde 1876 designa también una enfermedad contagiosa causada por microorganismos que se multiplican con rapidez en el flujo sanguíneo. Para muchos doctores, el tratamiento antibiótico con ciprofloxacina es más caro y arriesgado que la medicación con fármacos genéricos como la doxiciclina.[1]

AQT. Sigla empleada por las tropas estadounidenses desplegadas en Afganistán en 2001 para referirse a los guerreros de Al Qaeda y antiguos talibanes.

Arab Street (la calle árabe). Alusión peyorativa a la opinión públi-

---

1. No debe confundirse esta enfermedad con el ántrax común, una enfermedad mucho menos virulenta que se cura con un tratamiento antibiótico sencillo. (*N. del T.*)

ca árabe, absolutamente ajena al hecho de que la mayor parte de ésta se forme en una sala de estar o un comedor, mientras ve la tele. Al igual que la expresión «alma árabe», da por sentado que en el mundo árabe existe una opinión pública monolítica. Cf. alma del islam.

Arabia. Topónimo a menudo confuso, usado ya en el griego clásico y el latín. En inglés se emplea como sinónimo de la península Arábiga, la *al-yazira al-'Arabiyya* árabe (cf. Al Yazira). Arabia Saudí, en cambio, recibe en árabe el nombre de *al-Mamlaka al-'Arabiyya al-Sa'udiyya* (el Reino Árabe de Arabia Saudí). La palabra inglesa en desuso *Araby* y sus traducciones en otras lenguas europeas pueden referirse al mundo árabe e Irán como un todo, ya sea de forma real o imaginaria.[1] El reciente ciclo de canciones de Hans Werner Henze *Sechs Lieder aus dem Arabischen*, traducido al español como *Seis cantos de los árabes*, debe su título a una de las seis canciones, que lo toma a su vez de un poema *persa* de Hafiz.

Arabian candidate (candidato árabe). Variante de *The manchurian candidate*, novela escrita por Richard Condon en tiempos de la guerra fría y llevada al cine en 1962 por John Frankenheimer,[2] que narra la intriga de un candidato a la presidencia de Estados Unidos (el «candidato manchuriano») que esconde, tras su retórica anticomunista, la preparación de un golpe militar comunista. En cuanto al «candidato árabe», me limitaré a citar al columnista estadounidense Paul Krugman:

---

1. En español, la acepción de Arabia como «país de los árabes» tampoco se restringe a la península Arábiga. (*N. del T.*)

2. En España, tanto la película original como la nueva versión dirigida por Jonathan Demme en 2004 llevan por título *El mensajero del miedo*. (*N. del T.*)

Esta vez los enemigos son fanáticos islámicos y el títere que instalan en la Casa Blanca es un demagogo que se hace pasar por el guardián de la nación frente a los terroristas malhechores. El candidato árabe no ayudaría abiertamente a los terroristas, sino que lucharía por su causa fingiendo ser su enemigo. Después de un atentado, contraatacaría la base terrorista, pero acto seguido estropearía la operación y dejaría que los terroristas escaparan [...] Entretanto, llevaría a Estados Unidos a una guerra contra un país que no representase ningún tipo de amenaza inmediata. [...] El candidato árabe podría llegar incluso a privar a Estados Unidos de su autoridad moral, al crear un clima político en el que se llegara al extremo de torturar, humillar y hacer pasar hambre a prisioneros que, en su gran mayoría, serían inocentes o culpables de delitos menores. (*International Herald Tribune*, 21 de julio de 2004)

arabicidio. Término acuñado por el escritor Fausto Giudice, cronista de doscientos casos estimados de asesinatos de árabes en Francia durante los años setenta y ochenta. Véase su libro *Arabicides: une chronique française 1970-1991*, París, La Découverte, 1992. Véase también la entrevista al autor publicada en *Race & Class* (Institute of Race Relations, vol. 35, n.º 2, Londres, octubre-diciembre de 1993). Cf. genocidio, holocausto, judeocidio, magnicidio, politicidio, *shoah*.

arenas movedizas. Expresión evasiva que denota cierto grado de confusión teórica así como una falta de comprensión concreta del país o asunto que se trata de describir. Vaciedad innecesaria cuyo uso se asemeja al de otras expresiones insustanciales como «bazar» o «*suq*».

armas de destrucción masiva (ADM). Categoría armamentística que engloba las armas nucleares, las químicas y las bacteriológicas; es decir, armas que no son sólo nucleares pero cuya capacidad de exterminio es mayor que las que previamente se denominaron «armas convencionales». La expresión inglesa original (*Weapons of Mass Destruction*) apareció por primera vez en un artículo de *The Times* de 1937 en el que se describían los bombardeos alemanes en Guernica, y en los años setenta pasó a formar parte del vocabulario oficial de control de armas de Estados Unidos. A pesar del uso canónico de esta clasificación y de su sigla, ADM, la denominación no es tan correcta como en un principio podría parecer. Muchas de las armas biológicas y químicas así consideradas no causan de hecho ningún tipo de destrucción masiva, a pesar de los terribles sufrimientos que pueden sembrar allí donde se utilizan. El profesor Lawrence Freeman ha resaltado que el uso de este término ha originado una confusión generalizada de las armas químicas y las bacteriológicas: «La continua elisión de esta diferencia, tan arraigada que parece irremediable, explica la despreocupación de una opinión pública que no sabe distinguir entre las armas que causarían tragedias contenibles y aquellas que provocarían una catástrofe de proporciones inimaginables». (Véase *Survival. The IISS Quarterly*, vol. 46, n. 2, verano de 2004, p. 40, nota 2.)

arte islámico. Como bien saben los lectores de los frecuentes y eruditos artículos de Souren Melikian, corresponsal del *International Herald Tribune*, se trata de un término ficticio sin ningún tipo de base histórica, artística o teológica, inventado por los conservadores de museos y promotores de subastas para poner en el mismo saco obras de muy distinta procedencia cultural o geográfica.

artefacto de dispersión radiológica. Cf. bomba sucia.

asiático. Aplicado a las personas, alude a los habitantes de todo el continente asiático, desde Turquía hasta Japón, incluyendo la mayor parte de Oriente Próximo, Oriente Medio, el Sureste asiático y Extremo Oriente. Desde la década de los ochenta, en el inglés británico, el término *asian* se refiere por lo común a los habitantes o a las personas oriundas de Oriente Medio, con independencia del credo que profesen (ya sean hinduistas, musulmanes, budistas, sijs, jainistas, cristianos, etc.).

assertive multilateralism (multilateralismo firme). En el argot neoconservador, unilateralismo.

ataque suicida. Táctica usada por grupos terroristas y militares de varios países a lo largo del siglo XX, entre los que cabe nombrar a los *kamikaze* (literalmente, «viento divino») japoneses de la Segunda Guerra Mundial, la guerrilla tamil de los Tigres de Liberación de la Patria en Sri Lanka, el grupo Hizbulah de Líbano o los grupos islamistas palestinos. Es preciso distinguir entre los ataques suicidas propiamente dichos, que tienen por objetivo las tropas enemigas (como en el caso de Japón y Líbano), y los atentados suicidas, realizados contra la población civil (Sri Lanka, Palestina, 11 de septiembre). La expresión árabe *amaliyya istishhadiyya* (operaciones de inmolación) fue de uso habitual en los años noventa; las voces discrepantes preferían hablar de *amaliyya intihariyya* (operaciones suicidas). El Corán prohíbe el suicidio, pero no la inmolación por una causa justa.

autoodio judío. Expresión de falso trasfondo psicoanalítico aplicada con frecuencia a escritores judíos que critican la tradición religiosa y social judía o la política del Estado israelí. En la década de los sesenta, por ejemplo, se esgrimió contra Isaac Deutscher y Maxime Rodinson, escritores de orientación marxista que proponían la creación de dos estados vecinos, uno israelí y otro palestino, pero se mostraron críticos con el fervor religioso y militar que se adueñó de los israelíes durante la guerra de 1967, y condenaron el rechazo de los derechos del pueblo palestino.

Expresiones despectivas similares, usadas para negar la legitimidad de los críticos de sus propias comunidades nacionales o religiosas, pueden encontrarse en muchos otros ámbitos culturales: en el caso de Irlanda, por ejemplo, se suele hablar de «católicos de castillo» o de «británicos del oeste» en referencia a los irlandeses que critican el nacionalismo irlandés; la política árabe también cuenta con un abundante repertorio de insultos para descalificar a sus críticos locales, como *munafiq* («hipócrita») o «Fuad Ayami» (en alusión al académico libanés-estadounidense del mismo nombre que trabaja en Washington como asesor político y comentarista público).

autor intelectual. Expresión empleada tras los atentados del 11 de marzo en Madrid por Mariano Rajoy, secretario general del Partido Popular, para afirmar la existencia de un vínculo entre los terroristas árabes implicados y la organización terrorista ETA. Mariano Rajoy, entonces vicepresidente primero y candidato a la presidencia, declaró, con la autoridad que al parecer le confería su propia experiencia, que aunque los autores materiales fueran árabes, «tales individuos no tienen la capacidad intelectual necesaria para preparar este tipo de atentados». Este razonamiento sigue la línea del resto de declaraciones realizadas por el gobierno del PP inmediatamente después de los atentados de Madrid con el propósito de responsabilizar de éstos a ETA.

ayatolá. En árabe, «señal» o «atisbo» de Alá. Autoridad religiosa superior del chiísmo.

baazismo. Nacionalismo belicoso inspirado en ideas fascistas sobre la guerra, la autoridad, la sangre y la superioridad racial (árabe, en este caso), pero también en modelos comunistas de Estado y de organización política. Ideología del Partido Árabe Socialista

Baaz que gobernó Irak entre 1968 y 2003, y que gobierna Siria desde 1963.

backdoor draft (llamamiento a filas encubierto). Expresión usada por la oposición demócrata durante la campaña electoral estadounidense de 2004 para criticar al presidente George W. Bush por el envío constante a Irak de tropas del ejército no regular, en su mayoría reservistas y soldados civiles de la Guardia Nacional.

bahía de Guantánamo. Región de la provincia de Guantánamo, en la costa oriental de Cuba. En 1911 las tropas estadounidenses la tomaron por la fuerza y desde entonces funciona como base naval de Estados Unidos. Esta base fue escogida para confinar a las cerca de 600 personas capturadas durante y tras la guerra de Afganistán de 2001, ya que no se considera territorio estadounidense y, por tanto, tampoco tiene por qué respetar sus leyes penitenciarias. En el mundo hay trece centros de detención secretos o ilegales similares al de Guantánamo. La región es también célebre por ser la tierra de la campesina que inspiró la popular canción cubana *Guantanamera*.

baraa. En árabe, «refutación» o «denuncia». Pese a que no es una de las cinco obligaciones fundamentales del islam, su práctica en la oración, los sermones y los mítines se considera una obligación religiosa, hecho que explica los frecuentes discursos de denuncia política de Occidente por parte de clérigos musulmanes. Durante la década de los ochenta, el término se usó también para justificar las manifestaciones antiestadounidenses de los peregrinos iraníes a La Meca.

battlespace (zona de conflicto). En la jerga del Pentágono, cualquier contexto militar y estratégico susceptible de dominación mediante la adecuada planificación bélica.

bazaar-oriented politics (política de bazar). Expresión común en escritores como, por ejemplo, el periodista Thomas L. Friedman para describir los procesos políticos del mundo árabe. Es de suponer que con ella se alude a algo muy distinto y de peor categoría que las políticas de toma y daca, manipulación, tráfico de influencias, estómagos agradecidos, obstruccionismo, presión y codazos —por no hablar de la mera corrupción y la mentira sin ambages— que suelen asociarse a las estrategias electorales de gran parte de Occidente. Cf. *suq* o bazar nuclear.

Bin Laden, Osama Bin Muhammad. Líder autoproclamado de Al Qaeda, nacido en Arabia Saudí en 1957. Hijo del millonario yemení Mohamed Bin Laden, un importante empresario de la construcción. En los años ochenta se le conoció por el apodo de Abu Qaqa. Tras acabar su enseñanza secundaria en un colegio de élite en Yedda, estudió administración de empresas, economía y civilización islámica en la Universidad Rey Abdel Aziz, también en Yedda. Se le relaciona con el levantamiento suní de 1982 en Siria y con la financiación y la organización del movimiento armado árabe de Afganistán de la década de los ochenta. En 1989 volvió a Arabia Saudí, pero en 1991, tras una disputa con el gobierno saudí motivada por su reacción a la crisis de Kuwait de 1990, se mudó a Sudán, desde donde volvería a Afganistán en 1996. Cf. Bin Liner, Al Qaeda.

Bin Liner. Mote despectivo de Osama Bin Laden en Gran Bretaña (en el habla popular británica, un *bin liner* es un «saco de basura»).

biometría. Aplicación de métodos científicos a la identificación de sospechosos. Los análisis biométricos recurren a la información fisiológica presente en el iris, las huellas dactilares y la cara, almacenada en una imagen binaria. Los avances de esta tecnología motivaron la campaña que el Gobierno estadounidense puso en marcha en 2001 para lograr que otros países también expidieran pasaportes con información biométrica. A partir del año 2001 se plantearon problemas graves para el uso de esta información, al detectarse errores en el reconocimiento de los ojos azules, llorosos o con lentillas, así como de aquellos con párpados asiáticos. La biometría presupone la confrontación con bases de datos precisas que, en lo que respecta a la información del iris, por ejemplo, todavía no existen.

bioterrorismo. Término popularizado durante la década de los noventa en referencia al uso terrorista de armas bacteriológicas, como por ejemplo el ántrax, el botulismo, la peste o la viruela. Cf. ántrax.

blowback (el tiro por la culata). Expresión evasiva con la que, según se dice, la CIA se refiere a los actos de antiguos clientes de Occidente (como es el caso de las guerrillas afganas) que a cierta altura se vuelven contra el país que en otros tiempos fue su proveedor. Otros ejemplos de descarga pasiva: «el boli *se* perdió» en lugar de «*yo* lo perdí» o «*se* cayó» en lugar de «*yo* lo tiré».

bomba sucia. No es un arma nuclear propiamente dicha, sino un artefacto explosivo convencional combinado con material radioactivo. Cf. terrorismo nuclear, artefacto de dispersión radiológica.

boutique CIA. Nombre con el que los críticos del Pentágono suelen referirse a la Oficina de Influencia Estratégica, un organismo creado por el subsecretario de Defensa Douglas Feith durante el primer mandato presidencial de George W. Bush.

box (cajón). Término despectivo empleado por políticos estadounidenses y británicos en alusión al lugar donde estuvo recluido Sadam Husein. Versión moderna de *reservation* (reserva), palabra muy similar en tono y connotaciones, referida originariamente al área de confinamiento de los indios americanos y usada en frases del tenor de: «X ha escapado de la reserva». Cf. *cage, come to heel*.

Brigada 005. Unidad especial de militantes árabes, liderados por Bin Laden, que realizó operaciones militares de apoyo a los talibanes en Afganistán. Célebre por su violenta represión de la oposición a los talibanes y, en particular, de la resistencia chií.

brigadas. En árabe, *kataib*. Término escogido con frecuencia por grupos guerrilleros árabes o palestinos como denominación de sus organizaciones. Los ejemplos son numerosos: las Brigadas de Mártires de al-Aqsa, las de Abu Hafs al-Masri, etc. Al parecer, fue incorporado a la terminología política árabe en los años treinta, cuando el líder cristiano libanés Pierre Gemayel, influido por el fascismo italiano y el uso español e italiano del término *falange* (del latín *phalanx*), decidió llamar así a su propia organización. El término también se ha visto favorecido por la filofascista Hermandad Musulmana.

Brigadas de los mártires de Yenín. Grupo radical palestino con base en el campo de refugiados de al-Bureik, en la franja de Gaza. Toma su nombre del campo de Yenín, en Cisjordania, que en 2001 fue escenario de un enfrentamiento particularmente violento entre palestinos e israelíes. En julio de 2004 este grupo tomó parte en un levantamiento contra la policía local y otros organismos oficiales que cuestionó la autoridad de Yasir Arafat.

Busharraf. Mote despectivo por el que se conoce en Pakistán a su presidente, Pervez Musharraf, persona muy afín a la política estadounidense.

Butler Enquiry (Informe Butler). Obra anodina y evasiva. Documento oficial británico de 196 páginas redactado por un equipo de cinco personas dirigidas por lord Butler, antiguo responsable de la administración pública británica, y publicado el 14 de julio de 2004. El informe trata del presunto mal uso por parte del Gobierno laborista de la información de los servicios de inteligencia durante el período previo a la guerra de Irak de 2003.

cage (jaula). Término muy oído en frases de políticos estadounidenses y británicos referidas a Sadam Husein («retenerlo en su jaula», «devolverlo a su jaula», etc.). Cf. *box, come too heel.*

cakewalk (pan comido). Este término, procedente del argot afroamericano, se empleó en Washington con una alegría demencial en el período previo a la invasión de Irak de 2003. Con él se daba a entender que la operación militar se desarrollaría con suma facilidad.

caldeos. Cristianos del este, fieles a la Iglesia Católica Romana, que constituyen una de las principales comunidades religiosas de Bagdad, Basora y Mosul, con casi un millón de creyentes. Durante mucho tiempo gozaron de la protección de los regímenes monárquicos y nacionalistas, pero desde 2004 sus iglesias han sido objeto de atentados sistemáticos por parte de radicales suníes, lo que ha provocado un éxodo masivo de los caldeos de estas ciudades. La localidad con mayor población cristiana iraquí es desde hace muchos años la ciudad estadounidense de Detroit.

camisa de Uzman. Nombre dado a la represión política impuesta por el califa Muauia tras el asesinato de su primo Uzman, el tercer califa, en 656 d.C. Tras el 11 de septiembre se ha convertido en una referencia común en el mundo árabe para explicar la creciente represión de la disensión política.

capacity crunch (crisis de capacidad). En el ámbito de la industria petrolera, designa el fracaso de cualquier iniciativa de inversión responsable en la producción y el refinado, con miras a las necesidades energéticas a largo plazo, por parte de las empresas petroleras y los Estados productores de petróleo. En el caso de éstos, se traduce en la gestión estratégica de la política nacional y el gasto público; en el de aquellas, en la sumisión de las compañías a las exigencias a corto plazo de sus accionistas.

capitulacionista. En árabe, *istislami*. Calificativo usado por nacionalistas y fundamentalistas para desacreditar aquellos acuerdos que traicionan los intereses nacionales, como, por ejemplo, los tratados de paz con Israel. Cf. derrotista, tambaleante, vacilante.

CENTCOM. «Comandancia central» estadounidense, con sede en Florida. La CENTCOM se creó tras la Revolución iraní de 1979 y se responsabiliza de la seguridad en el golfo Pérsico. Marco de organización de las guerras del Golfo (1990), de Afganistán (2001) y de Irak (2003).

centros de detención secretos. En julio de 2004 la ONG Human Rights First acusó a Estados Unidos de administrar trece centros de detención secretos, repartidos por el mundo, en los que se viola la Convención de Ginebra sobre el trato debido a prisioneros. Entre estos centros se cuentan el de la base de Guantánamo, en Cuba; el de Abu Ghraib, en Irak; el de Bagram, en Afganistán; la isla de Diego García, en el océano Índico; varios centros en Jordania y Pakistán y por lo menos dos buques de la armada fondeados frente a las costas de Estados Unidos. Se calcula que puede haber entre 1.000 y 3.000 prisioneros recluidos en estos centros.

centros de población. Eufemismo israelí, de uso creciente desde el año 2000, para aludir a grandes asentamientos en Cisjordania como los de Ariel, Gush Etzion o Maleh Edumim. El empleo habitual de este término atenúa el carácter temporal o extraño de estas entidades y las normaliza, es decir, les confiere un *status* de permanencia.

cerebro. Se ha dicho que Osama Bin Laden fue el «cerebro» de los atentados del 11 de septiembre y Mohamed *el Egipcio* el de los del 11 de marzo. En cierto modo, el uso de este término equipara un acto de terrorismo al atraco a un banco, y no sólo da a entender que fue una sola persona quien lo organizó todo, sino también que para ello hubo de manipular al resto de sus cómplices, inferencia con la que se elude la incómoda realidad de que este tipo de actos cuenta con un apoyo considerable e infinidad de voluntarios potenciales entre los jóvenes radicales musulmanes.

chernishopi. En ruso, literalmente, «culos negros». Insulto de uso común dirigido a los habitantes del Cáucaso. En particular alude a los musulmanes de la región, aunque en un sentido lato incluye también a los cristianos.

chicken hawks (halcones de corral). Mote despectivo que se da en Estados Unidos a los políticos conservadores que abogan por la fuerza militar, pero no tienen ningún tipo de experiencia militar personal, entre los que cabe mencionar a Richard Perle, Paul Wolfowitz o George W. Bush.

chiísmo. Del árabe *shia*, «facción». Los chiíes son los seguidores de Alí, el primo y cuñado del Profeta, que entró en conflicto con los sucesores de Mahoma y fundó una secta separada a la que hoy pertenece el 10% de la población musulmana mundial. Entre los subgrupos chiíes se cuentan los duodecimanos, los yafaríes y los ismaelíes. El chiísmo es la religión mayoritaria de Irán y Azerbaiyán. La oración de duelo «*Ya Hassan, Ya Hussein*», cantada por los chiíes en conmemoración del martirio de los hijos de Alí, derivó en el «Hobson-Jobson» de la India colonial británica, expresión que pasaría a su vez a denominar el argot angloindio resultante de transcribir el habla local conforme a las estructuras lingüísticas inglesas.

citizen soldier (soldado civil). Ciudadano estadounidense que sirve en la Guardia Nacional. Hasta hace algún tiempo, el servicio
en la Guardia Nacional no solía consumir más que unos pocos
días al mes, pero recientemente sus soldados se han integrado
en mayor medida al ejército regular y, tras el 11 de septiembre,
sus períodos de prestación se han extendido con servicios de
guardia en edificios públicos y otras labores generalmente orien-
tadas a tranquilizar a la población. También se les llama *weekend
warriors* (guerreros de fin de semana) y, en Washington, *Capi-
tol guardians* (guardianes del Capitolio). La Guardia Nacional es,
de hecho, el cuerpo más antiguo del ejército estadounidense, y
su existencia se remonta a hace más de 360 años, en la colonia
de la bahía de Massachusetts. Desempeña funciones de jurisdicción estatal y federal.

clérigo exaltado. Expresión equivalente a «clérigo buscado». Cf.
renegado, clérigo reverenciado.

clérigo reverenciado. Calificativo reservado por los medios y la
diplomacia occidentales al gran ayatolá Alí al-Sistani, clérigo iraquí que goza de cierta popularidad y de un trato preferencial por
parte de Occidente, que contrasta con el dispensado a su rival
y oponente, Muqtada al-Sadr. Cf. clérigo exaltado, renegado.

coalition of the willing (coalición de los dispuestos). Término empleado a veces para designar a los miembros de las Naciones
Unidas que optaron por participar en una operación militar es-
pecífica sin que así lo dispusiera formalmente el Consejo de
Seguridad de la ONU. Formula de cortesía para *camarilla*.

código naranja. Alerta del Departamento de Seguridad Nacional
de Estados Unidos que se asocia a un alto riesgo de atentado terrorista; se sitúa un nivel por encima del código amarillo,
que corresponde a un riesgo elevado. El código naranja ha sido

declarado en numerosas ocasiones desde el 11 de septiembre.

cojones.[1] Término del argot político estadounidense empleado por George W. Bush en sus conversaciones con estadistas, y que se refiere a los que consideraba valientes. De modo similar, la expresión persa para designar al que carece de fuerza de voluntad es *tojm nadarad* (le faltan cojones). El término árabe correspondiente, *baidat*, se usa en alusión a políticos nacionalistas inquebrantables, y hasta 2003 se oyó a menudo en proclamas que afirmaban que Sadam Husein, Osama Bin Laden y Yasir Arafat eran los únicos líderes de Oriente Próximo con dicho atributo. En cualquiera de los tres casos, tal caracterización no implica que la persona en cuestión posea también algo de cerebro.

come to heel (comer de la mano). Expresión racista propia de algunos columnistas y estrategas estadounidenses que hablan de otros países y otros pueblos como si de perros mansos se tratara. En un artículo de Edward Luttwak («America should threaten to pull out of Irak», *International Herald Tribune*, 19 de agosto de 2004) el estratega estadounidense afirma que si Estados Unidos amenazara con permitir la creación de un estado kurdo independiente en Irak, «Turquía no tardaría en comernos de la mano». Cf. *box*, *cage*.

comerciantes de miel. La apicultura y la venta de miel constituyen hoy una parte importante de la vida en la costa meridional del mar Rojo, sobre todo en Etiopía y Yemen, como también lo hacían en tiempos del Antiguo Testamento, que alude en muchas ocasiones a la miel y de hecho describe Israel como «una tierra que mana leche y miel» (Ex 3, 8). En la capital yemení, Sanaa, hay calles enteras consagradas al comercio de la miel. En

---

1. En español en el original. (*N. del T.*)

Etiopía, hasta la Revolución de 1974, el consumo de miel se restringía a ciertas clases sociales. Tras el 11 de septiembre se afirmó que Al Qaeda se había infiltrado en el comercio de la miel y que lo utilizaba como tapadera para sus movimientos de fondos. Durante algún tiempo los Estados más relevantes del sector impusieron controles rigurosos a los comerciantes de miel.

compassionate conservadurism (conservadurismo compasivo). Eufemismo bushista para «avaricia». Cf. *haves and have mores*.

compound (complejo residencial). En Afganistán y Arabia Saudí suele designar una zona cercada en la que viven expatriados. La capacidad que, en los años 2003 y 2004, demostraron los terroristas para entrar en *compounds* saudíes de Riad o de cualquier otra ciudad y llevar a cabo sus matanzas es una muestra de la intensificación que durante este período manifestó la campaña de Al Qaeda contra los expatriados en Arabia Saudí. En contraste con su acepción habitual occidental —la de una zona vallada en la que se guardan los perros, los coches, etc.—, en los países árabes el término *compound* alude en general a un espacio reservado a la élite privilegiada. Esta acepción tiene de hecho una raíz distinta que la latina del verbo *combinar*, pues su origen se encuentra en las colonias británicas y holandesas en Asia y, al parecer, no deriva del latín sino de *kampung*, palabra malaya para el espacio cerrado que rodea una casa. (Para una explicación más extensa sobre este uso, véase el libro de Henry Yule y A. C. Burnell *Hobson-Jobson: A glossary of colloquial Anglo-Indian words and phrases and of kindred terms, etymological, historical, geographical and discursive*, Routledge Curzon, 2000 [la primera edición data de 1886]).

conducta ilegal de los pasajeros: Causa aducida por las autoridades de aviación rusas para explicar el doble accidente aéreo del 25 de agosto de 2004.

conflicto asimétrico. Expresión forjada en los años setenta por estudiosos de las ciencias humanas y estrategas estadounidenses, referida originariamente a la guerra de Vietnam. Se define como una guerra entre potencias esencialmente dispares, en la que el estado dominante aventaja a la guerrilla en potencia de fuego y recursos económicos, mientras que ésta cuenta con una mayor resistencia y agilidad táctica. El objetivo de la guerrilla es debilitar al estado dominante mediante la presión política sobre sus aliados regionales y su sistema político y financiero (para un análisis clásico de este tema, consúltese el artículo de Andrew Mack «Why big nations lose small wars: The politics of assymmetric conflict», *World Politics*, vol. 27, n.º 2, enero de 1975). Recientemente, la expresión se ha asociado a los ataques contra páginas web y sistemas de comunicación.

Congreso Nacional Iraquí. Nombre inspirado en el del Congreso Nacional Africano de Nelson Mandela, organismo con el que en la práctica no guarda mucha similitud.

containment (contención). Política que supuestamente fracasó en Irak y cuya falta de resultados se usó como justificación de la ofensiva militar de 2003. El término aparece por primera vez a finales de la década de los cuarenta, como calificativo de la política que el diplomático George Kennan expuso en su célebre artículo «The sources of Soviet conduct», aparecido en 1947 en la revista *Foreign Affairs*, donde proponía limitar la expansión de la URSS para provocar una crisis interna soviética. Con la expresión «doble contención», se refiere a la política adoptada por Estados Unidos frente a Irán e Irak durante los años noventa.

contra la normalización. En árabe, *did al tatbi*. Nombre de la campaña contra las relaciones diplomáticas con Israel llevada a cabo en los países árabes desde principios de los noventa.

contraterrorismo. Conjunto de directrices políticas destinadas a la prevención de atentados terroristas. Incluyen la eventualidad de un ataque preventivo, si se estima necesario.

contraterrorista *freelance.* Contratista de seguridad empleado por el Gobierno de Estados Unidos en zonas de conflicto y concretamente en Afganistán para detener, interrogar y maltratar a la población local. La subcontratación de este tipo de servicios adquirió notoriedad con el caso de Jonathan Keith Idema, un trabajador autónomo estadounidense contratado por el Gobierno de EE UU para detener a afganos y, al parecer, torturarlos (práctica para la que llegó a disponer de una cárcel particular). La prensa no supo dilucidar si se trataba de un mercenario incauto o de un cruzado descarriado (*Financial Times*, 24 de agosto de 2004).

corkscrew journalism (periodismo de sacacorchos). Comentario apresurado, falto de documentación y originalidad, que da pie a una serie de ataques pueriles y perfectamente orquestados entre periodistas que llevan un decenio o más hablando de lo mismo. La expresión se origina en la película *Historias de Filadelfia* (George Cukor, 1940).

Corredor de Filadelfia. Tierra fronteriza entre Gaza y Egipto en la que Israel ha mantenido su presencia militar, pese a la retirada de Gaza del resto de sus tropas.

costes de transplante. Dinero reclamado por los israelíes asentados —ilegalmente, según el derecho internacional— en Gaza y Cisjordania, a cambio de su consentimiento para reasentarse dentro de lo que hasta 1967 fue el territorio israelí.

creación / creacionismo. Conceptos controvertidos del protestantismo y el islam, cuyas connotaciones son, sin embargo, muy distintas; en el primero, la creación se asocia a la afirmación conservadora de que Dios creó el mundo en un momento preciso, fijado por la tradición alrededor del año 5000 a.c. En el islam, por el contrario, el creacionismo se asocia a pensadores liberales como el escritor egipcio Nasir Abu Zeid que no ven en el Corán un documento eterno de significado inmutable, sino algo que fue creado en una época concreta y en un ámbito particular, y cuya interpretación, por tanto, debe adaptarse a las nuevas problemáticas sociales.

crisis de protección civil. Expresión empleada en agosto de 2004 por funcionarios de las Naciones Unidas en alusión a las violaciones y otras formas de barbarie generalizadas que sufrió la población de la región sudanesa de Darfur.

cruzada. Palabra derivada de *cruz*, por la insignia que llevaban los soldados en el pecho. Expedición militar cristiana para vencer a los musulmanes y reconquistar los Santos Lugares de Palestina, particularmente las realizadas en los siglos XI a XIII. En inglés, la voz *crusade* aparece por primera vez en 1577.[1] En aquella época la palabra se asociaba a matanzas de musulmanes y judíos como la que ocurrió durante la ocupación de Jerusalén en 1099. La acepción más general, la de una campaña agresiva contra un enemigo público, no aparece en inglés hasta 1786. El término árabe *salibi* (cruzado) apenas se ha usado hasta hace pocos años, cuando ha comenzado a emplearse en invectivas contra Occidente. Su uso en los países musulmanes no mediterráneos es producto del activismo de finales de los noventa.

CSO (*Chief Security Officer*, director general de Seguridad). Cargo directivo creado tras el 11 de septiembre. Máximo responsable de la seguridad de una empresa.

---

1. En español, su primer uso documentado data de la primera mitad del siglo XIII. (*N. del T.*)

cuna. Término corriente en frases como «la cuna de la civilización» y otras expresiones atávicas con las que han tratado de hacernos creer que toda civilización, religión, agricultura o lo que sea tiene su origen en el país en cuestión.

darn good liar (grandísimo embustero). Caracterización de George W. Bush pregonada durante las manifestaciones antibélicas de Nueva York en agosto de 2004.

dawa. En árabe, «llamada». Voz con la que se llama al islam o a la plegaria, cuyo uso se ha extendido a movimientos y partidos políticos. Entre éstos cabe mencionar al Hizb al-Dawa o partido al-Dawa iraquí, un antiguo grupo clandestino chií de oposición al Estado baazista que contaba con el apoyo de Irán y que, tras la caída de Sadam, ha participado en el proceso político posbélico.

defence contractor (contratista de defensa). En el Irak posbaazista, mercenario.

degrade (degradar). Término vago empleado por el ejército estadounidense en sus informes sobre ataques aéreos contra instalaciones enemigas, como los llevados a cabo en Irak en los años noventa. No especifica que nada haya sido efectivamente destruido o haya sufrido un deterioro permanente.

deobandi. Movimiento islámico conservador cuyo nombre deriva de la ciudad india de Deoband, donde tuvo su origen en el siglo XIX. La ideología deobandi ha servido de inspiración a grupos conservadores pakistaníes y al movimiento talibán. Se opone a la tendencia liberal originada en la Universidad de Aligarh, en la India.

derecho al regreso gradual. Expresión con la que se alude en Israel al matrimonio mixto entre árabes con ciudadanía israelí y habitantes de Cisjordania, de Gaza o de cualquier otro país árabe.

Se invoca a menudo como justificación para negar el derecho de reagrupación familiar a los árabes israelíes que tratan de traer a sus familias a casa.

derecho al retorno. Disposición incorporada en 1951 a la ley israelí, que otorga a todo judío el derecho a la ciudadanía israelí. Posteriormente ha sido invocada por palestinos que reivindican también su derecho al retorno a las zonas de Israel de las que ellos mismos o sus familias fueron desalojados.

derrotista. En árabe, *inhizami.* Acusación dirigida contra los estados árabes que entablan negociaciones con EE UU, buscan la paz con Israel, etc. Cf. capitulacionista, tambaleante, vacilante.

desbaazificación. Destitución de miembros del partido Baaz de sus antiguos cargos públicos en Irak. El término se inspira en la palabra «desnazificación», acuñada tras el fin de la Segunda Guerra Mundial.

detrás. Palabra de uso común en frases como «¿quién hay *detrás* de esto?» (en árabe, *min waraa*). Reacción frecuente a sucesos puntuales, atentados o asesinatos. Sugiere la existencia —que a veces puede ser real— de una conspiración a gran escala o algún tipo de intriga internacional.

diálogo. Término de uso frecuente que sugiere la existencia de un debate abierto y respetuoso entre los distintos actores religiosos o políticos de Oriente Próximo y los representantes de Occidente. A menudo, no es más que un pretexto para organizar cumbres y demás espectáculos teatrales oficiales en los que no se emite ninguna opinión original o independiente, y que sólo sirven para reforzar la autoridad de los dirigentes políticos o religiosos del momento. En lo que respecta al problema más sustantivo de todos los surgidos entre Oriente y Occidente, el del control del precio y el nivel de producción del petróleo, las llamadas al diálogo que se han sucedido durante los últimos treinta años no han originado ningún tipo de debate organizado entre productores y consumidores, con lo que la solución sigue en manos de la especulación y el mercado.

director de la oración. Nombre que se da a la persona que guía a los fieles musulmanes en su oración. No tiene que ser alguien oficialmente reconocido como *alim* o *mulá*. El término preciso para esta función, el que capta su sentido original, es *imam*, que significa literalmente «el que está al frente». En teoría, cualquier musulmán creyente puede asumir la tarea de dirigir la oración.

disfunción. En el informe de la Comisión 11-S del Congreso de Estados Unidos, alude al descuido de las actividades de los servicios de inteligencia por parte del propio Congreso. Cf. Comisión nacional de investigación de los atentados contra Estados Unidos; *global intelligence failure.*

disuasión no convencional. Eufemismo con el que el Gobierno israelí se refiere a su propio arsenal atómico, estimado en unas 300 cabezas nucleares.

do (meterse). Verbo aparentemente informal empleado en frases de índole muy diversa: en «meterse en Irak» o «meterse en Irán», por ejemplo, pero también en «meterse en las drogas» o «no nos metemos en temas de desarrollo nacional». A menudo se corresponde con cierta falta de claridad mental mal disimulada. Cf. desarrollo nacional.

Doddering Daiquiri Diplomats (Diplomáticos Decrépitos de Daiquiri). Mote despectivo aplicado a los diplomáticos y altos cargos militares australianos jubilados que, en agosto de 2004, remitieron al primer ministro australiano John Howard una carta abierta en la que criticaban su política exterior en Irak.

dolor. Término sentimental y a menudo falaz empleado por los res-

ponsables de ciertas acciones políticas, como la colonización israelí de las tierras árabes ocupadas desde 1967, para eludir las
críticas, pedir indemnizaciones estatales y, en general, declinar
toda responsabilidad por los crímenes perpetrados. Aquellos que
pregonan con más ruido su propio dolor son precisamente los
menos inclinados a reconocer el dolor de los demás (en este caso,
el de los palestinos).

Ejército del Mahdi. En árabe, *yaish al-Mahdi*. Fuerza irregular iraquí integrada principalmente por jóvenes sin empleo reclutados
durante 2003 y 2004 en Bagdad y otras ciudades de mayoría chií,
como Nayaf o Cufa, por el líder religioso Muqtada al-Sadr. En
julio de 2004 se le encomendó a este ejército una operación de
alto riesgo y complicada escenificación: la toma de la mezquita del imán Alí.

Ejército Islámico de Irak. En árabe, *al-Yaish al-Islami fi al-Iraq*.
Grupo clandestino que se dio a conocer en 2004 cuando asesi-
nó al periodista italiano Enzo Baldoni, destacado militante pacifista, y exigió el levantamiento de la prohibición francesa del
velo islámico. El Ejército Islámico de Irak profesa un sunismo
radical, próximo al wahabismo de Al Qaeda y se ha mostrado
muy crítico con la postura de Irán durante la guerra de Irak y
con el chiísmo en general.

El reino de los cielos. Película de la Twentieth-Century Fox sobre las
cruzadas del siglo XII que se rodó en 2004 con un presupuesto
de 130 millones de dólares. Los personajes incluyen figuras
históricas como el líder musulmán Saladino (un kurdo) o Balián
de Ibelín, un cruzado que defendió Jerusalén en 1187. Los por-
tavoces del Comité Antidiscriminación Árabe han protestado
enérgicamente contra la película, pues creen que refuerza los
prejuicios ya existentes contra los árabes; un experto de ense-

ñanza interconfesional la ha criticado porque, en su opinión, lo único que consigue es «echar más leña al fuego». El director, Ridley Scott, ha negado todas las acusaciones y ha afirmado que «la película no pisotea el Corán ni nada parecido» (*International Herald Tribune*, 19 de agosto de 2004).

entidad. La *entidad* (*al-kayan*) es el término con el que los nacionalistas árabes suelen referirse a Israel para evitar pronunciar el nombre de este país. La expresión guarda cierta similitud con las que usaban los alemanes occidentales durante la guerra fría para referirse a la República Democrática Alemana (RDA): *die Zone* (es decir, «la zona» de ocupación soviética, nombre original que se le dio al acabar la guerra); *die Sogennante* («la así llamada», esto es, la RDA); o simplemente *drüben* («al otro lado»).

Espacio de palabras. Pantalla electrónica erigida el 9 de junio de 2004 en la estación de Atocha de Madrid en sustitución de un altar en recuerdo de las víctimas de los atentados del 11 de marzo que se retiró tres meses después de los atentados a petición de los trabajadores de la estación porque, entre otras cosas, les molestaba el humo de las velas. Durante los primeros dos días recibió siete mil mensajes y hasta ahora la cifra de mensajes diarios no ha bajado de los doscientos (se pueden enviar mensajes por internet en la dirección www.mascercanos.com). A primeros de agosto de 2004, las pantallas habían recibido casi 30.000 mensajes. He aquí una pequeña muestra:

«Qué fácil es matar y qué difícil vivir.»

«Amhara y Andrea, de nueve y cinco años, mandan un beso a toda la gente que se ha ido al cielo, mua.»

«No conozco ni quiero conocer las razones que otorgan a alguien el derecho a matar.»

(«Palabras que llenan espacios», *El País*, 4 de agosto de 2004)

esteganografía. Técnica de encriptación de mensajes secretos en gráficos o textos informáticos, presuntamente utilizada por Al Qaeda para sus comunicaciones.

esvástica. Del sánscrito *svastica*, «amuleto». Cruz gamada presente en el hinduismo y otras culturas antiguas que el Partido Nacionalsocialista (Nazi) Alemán adoptó como símbolo. Después de la guerra ha sido pintarrajeada a menudo en propiedades y lápidas judías europeas, sobre todo a partir de 2000. Resulta significativo que el símbolo no haya sido utilizado por los grupos de Oriente Próximo que combaten la política de Israel, a pesar de la amplia difusión que en esta región han tenido las ideas antisemíticas europeas.

etnocracia. Gobierno ejercido por un grupo étnico particular, que discrimina a aquellos individuos que no pertenecen al grupo. Ejemplos notables son la Sudáfrica del *apartheid* o el Estado de Israel.

evil-doers (malvados). Término del Antiguo Testamento profusamente empleado por George W. Bush. Las concordancias inglesas de las Sagradas Escrituras (*Cruden's complete concordance to the Old and New Testaments*, Alexander Cruden, Zondervan Publishing Co., Grand Rapids, 1999) refieren diecisiete apariciones de esta voz, entre las que cabe citar la de Jb 8, 20 («Dios no rechaza al íntegro ni da la mano a los malvados») o la de Is 1, 4 («¡Ay, gente pecadora, pueblo tarado de culpa, semilla de malvados, hijos de perdición!»).

expedited removal (expulsión inmediata). Política británica de deportación aplicada a todo solicitante de asilo cuya petición ha sido denegada.

Fahrenheit 9/11. Película de Michael Moore estrenada en 2004, cuyo título remeda el de la novela de Ray Bradbury *Fahrenheit 451*. La película gira en torno a la guerra de Irak y la política de Estados Unidos en materia de terrorismo, y critica con dureza a George W. Bush, rompiendo con todas las convenciones estadounidenses de deferencia hacia el presidente. Aunque en sus libros Moore pueda parecer un ingenuo antiimperialista estadounidense al uso que, como tantos otros antes que él, trata de exculpar al IRA, las principales acusaciones de la película —las conexiones que evidencia entre el presidente Bush y la élite saudí, por ejemplo— están sólidamente verificadas (véase el artículo de Philip Shenon «Fact-checking a cinematic broadside», *International Herald Tribune*, 19 y 20 de junio de 2004). Según la película, el presidente pasó el 42% de sus primeros ocho meses de mandato de vacaciones, en lugar de dedicarse a prevenir un posible atentado terrorista de Al Qaeda, del que ya había numerosos indicios y precedentes. Las pruebas corroborantes de las acusaciones de la película pueden encontrarse en www.michaelmoore.com.

fanático. Del latín *fanum*, «templo». Persona que cree ciegamente en una religión y no atiende a razones. Este término, último recurso de los estudiosos del terrorismo para describir a los nuevos terroristas religiosos del siglo XXI, no posee en ningún caso la solidez conceptual necesaria para fundamentar una teoría general del fenómeno.

faquí. Entre los musulmanes, intérprete del *fiqh* o ley islámica. En el ámbito político moderno se aplica a individuos verbosos e irresponsablemente faltos de realismo. En su uso popular también designa a los malos amantes.

fard. En árabe, «deber». El islam distingue entre *fard al-ain*, los cinco deberes de todos los musulmanes, también llamados los cinco «pilares» (*arkan*) del islam, y *fard al-kifaya*, aquellas obligaciones con las que cumplen sólo ciertos individuos en nombre de toda la comunidad, como pueden ser la *yihad*, devolver los saludos o asistir a los funerales.

al-Fatah. En árabe, *fatah* significa «conquista». Este término, de marcada resonancia coránica, es también el acrónimo invertido de *Harakat al-Tahrir al-Falastiniyya* (Movimiento de Liberación Palestina). No hay que confundir este movimiento con la Organización para la Liberación de Palestina (OLP), coalición que aglutina a numerosas agrupaciones políticas (si bien al-Fatah es la más influyente).

fatwa.[1] Específicamente designa el fallo o sentencia de un jurisconsulto islámico autorizado o muftí. En sentido lato se aplica también a los puntos de vista polémicos de cualquier fuente de autoridad autoproclamada.

folks (tipos). En la jerga bushista, terroristas enemigos («los tipos que han hecho esto»). Los ejemplos de terminología judicial tejana impropia de un estadista son variadísimos: *dead or alive* (vivo o muerto), *posse* (banda), *outlaw* (forajido), *smoke'em out* (hacerlos salir de su escondrijo), *turn him in* (entregarlo)...

Forum for the Future (Fórum del Futuro). Residuo menguado de lo que originalmente fue un ambicioso plan estadounidense para reformar y democratizar Oriente Próximo. En la reunión inaugural celebrada en Marruecos en noviembre de 2004, fueron muy pocas las propuestas que progresaron. En prueba de su desacuerdo, el propio rey de Marruecos se fue con su mujer de vacaciones a la República Dominicana un día antes de que el Fórum se reuniera.

Fox News. Canal de televisión conservador estadounidense de la cadena Fox que a principios de la década de 2000, ganó terreno

---

1. En español, la traducción «fetua» ha caído en desuso. (*N. del T.*)

en los índices de audiencia haciendo gala de una absoluta falta de objetividad periodística. A Osama Bin Laden se le calificó de «montaña de mierda» y de «monstruo»; a sus seguidores, se les llamó «matones terroristas» y a los talibanes, «esbirros» y «diabólicos». La cadena Fox pertenece al magnate australiano de los medios Rupert Murdoch.

franquicia. Denominación común de las organizaciones terroristas descentralizadas. Cf. *mouvance.*

fundamentalistas laicos. Calificativo empleado por los activistas religiosos de Estados Unidos y del resto del mundo para desacreditar a sus críticos seglares.

general level of arrogant incompetence (incompetencia arrogante y generalizada). Expresión empleada por la diputada británica Gwyneth Dunwoody en diciembre de 2004 para describir el trato dispensado por los funcionarios de aduanas estadounidenses a los ciudadanos extranjeros que llegan a sus aeropuertos.

genocidio. Exterminio sistemático de un pueblo. El término fue acuñado en 1943 por Rafael Lemkin, un abogado judío polaco que, en 1943, encontró asilo en Estados Unidos y que, sin la ayuda de nadie, redactó el borrador de la Convención sobre el Genocidio que en 1948 sería aprobada por la Asamblea General de Naciones Unidas. Aunque se suela referir al plan de exterminio de *todo* un pueblo, como fue el caso de la persecución de los judíos durante el nazismo, el término alude también a cualquier plan de homicidio sistemático para acabar con la cultura o la voluntad de un pueblo (e incluye, por tanto, el asesinato selectivo de individuos pertenecientes a una clase o a una categoría profesional particular como puede ser la *inteligentsia*). Cf. arabicidio, holocausto, judeocidio, magnicidio, politicidio, *shoah.*

global intelligence failure (fracaso global de los servicios de inteligencia). Expresión recogida en el informe de la Comisión del 11-S. No queda claro si el adjetivo *global* se refiere a todo el mundo o a las quince delegaciones que integran los servicios de inteligencia estadounidenses. O a ambas cosas. Cf. Comisión nacional de investigación de los atentados contra Estados Unidos.

globalización. Término popularizado en los años noventa que designa una serie de tendencias internacionales simultáneas que siguen tres líneas generales: la liberalización económica y el incremento del comercio y la inversión; la democratización y la vinculación creciente de sociedades dispares; la desintegración y la mezcla de sociedades y culturas. Los expertos no se ponen de acuerdo sobre el alcance y la distribución de cada una de ellas, ni sobre su interacción y el grado en que estas tendencias son la continuación de formas anteriores de interacción mundial basadas en la desigualdad Norte-Sur, que llevan decenios e incluso siglos actuando. El árabe traduce el término como *al-awlama* (que deviene mundial). La traducción persa oscila entre *yahanguiri* (que se adueña del mundo) y la más positiva *yahanshodan* (que deviene mundial), que de momento es también la más aceptada.

gloves off (sin contemplaciones). «Se acabaron las contemplaciones» fue la expresión empleada por un funcionario de la CIA en las sesiones del Congreso de Estados Unidos que siguieron al 11 de septiembre. Este cambio de mentalidad no sólo presupone un mayor poder presupuestario y político de Washington, sino también mayores libertades en el trato a los detenidos y en la elección de colaboradores para las operaciones secretas. Richard Clarke, ex asesor de la Casa Blanca en materia de seguridad, se ha preguntado en alguna ocasión por qué hubo en un principio tantas contemplaciones, dado el largo historial terrorista de Bin Laden y sus colaboradores, que se remonta a los atentados fallidos del World Trade Center en 1993.

God Bless America (Dios bendiga a Estados Unidos). Título de un himno nacionalista estadounidense y eslogan válido para cualquier ocasión. En la práctica equivale al *Alahu akbar* (Alá es grande) islámico.

God drenched (empapados de Dios). Calificativo aplicado con frecuencia a los discursos y a los políticos de la derecha religiosa estadounidense. Cf. teocracia.

golfo Pérsico. También conocido simplemente como «el Golfo». Extensión navegable del mar Arábigo que baña las costas de Irán, Irak, Arabia Saudí y otros estados árabes. Zona geográfica en la que se encuentra más de la mitad de las reservas mundiales de petróleo conocidas y un cuarto de las de gas. Durante la mayor parte del siglo XX fue unánimemente denominado golfo Pérsico, pero en los años setenta los estados árabes empezaron a llamarlo golfo Arábigo, iniciando una polémica que continuaría tras la Revolución iraní. Desde entonces se han propuesto varios topónimos posibles, entre los que cabe mencionar el antiguo nombre otomano golfo de Basora o el de golfo Islámico, usado durante un breve período después de la Revolución iraní. El escritor kurdo Hazhir Teimourian ha propuesto llamarlo golfo Kurdo, dado que fue su pueblo el que se encargó de la mayor parte del trabajo en estos países.

La frívola disputa en torno a este topónimo, creada para desviar la atención de otros temas, al igual que la que se inició en 1971 a raíz de la invasión iraní de tres islotes árabes cuya población conjunta no superaba las doscientas personas, es un buen ejemplo de lo que Freud llamó «el narcisismo de las pequeñas diferencias», y trae a las mientes el célebre comentario de Jorge Luis Borges que alude a la guerra anglo-argentina de 1982 por el dominio de las Malvinas (islas con una población de unos dos mil habitantes): «Son dos calvos peleándose por un peine».

Gran Juego. Nombre que se dio a la rivalidad decimonónica entre Gran Bretaña y Rusia por el dominio del Asia Central. El Gran Juego concluyó con la convención de 1907, que sentó las relaciones de ambas potencias en Persia, Afganistán e India. Recientemente ha sido reformulado de manera vaga y algo inapropiada para designar la situación de las regiones del Asia Central y Transcaucásica tras el colapso de la URSS en 1991. (Véase también el mito 50.)

grand strategy (estrategia global). Expresión pomposa, muy de moda en Washington, con la que se trata de conferir cierta coherencia ficticia a manifestaciones fortuitas de fantasía belicosa.

grief gap (brecha del dolor). Expresión usada para describir la distancia que media entre las reacciones de Estados Unidos y otras potencias occidentales tras los atentados del 11 de septiembre y aquéllas de otras partes del mundo.

groupthink (pensamiento grupal). Recogido textualmente en el informe de la Comisión del 11-S como «pensamiento grupal colectivo». Irving L. Janis ha estudiado este fenómeno en su libro *Groupthink. Psychological studies of policy decision and fiascoes* (Houghton Mifflin Co., Boston, 1972, 2.ª ed. 1982). Janis, cuya investigación se mueve entre la psicología social, la historia y las ciencias políticas, trata en este libro de lo que él denomina «fiascos» de la política exterior: casos de flagrante desacierto de la administración estadounidense que van desde la falta de previsión del ataque japonés a la base de Pearl Harbor (1941) a la nefasta gestión de la guerra de Corea (1950-1953), la fallida invasión de la cubana bahía de Cochinos planeada por la CIA (1961) y la escalada de la guerra en Vietnam (a partir de 1965). En cada uno de estos casos, Janis atribuye el fracaso de la política adoptada a la dinámica del pensamiento grupal, conforme a la cual los individuos se muestran reacios a cuestionar los dictámenes del grupo:

> Haré uso de la expresión «pensamiento grupal» para referirme de forma rápida y sencilla al modelo de pensamiento que adoptan las personas firmemente vinculadas a una camarilla cerrada cuando el esfuerzo de los miembros del grupo por llegar a un consenso unánime anula la motivación de cada uno de ellos para evaluar de manera realista otros cursos de acción. [...] El pensamiento grupal hace referencia al deterioro de la capacidad intelectual, de confrontación con la realidad y de juicio moral del individuo, que deriva de las presiones a las que le somete el grupo. (2.ª ed., p. 9)

Irónicamente, existen razones de peso para pensar que los informes redactados por comités de investigación de Estados Unidos y el Reino Unido tras el 11 de septiembre y la guerra de Irak, a fin de identificar los mecanismos de pensamiento grupal en las actuaciones de ambos países, son ya de suyo, con sus conclusiones anodinas y unánimes, pruebas fehacientes del tipo de procesos que tratan de evidenciar.

Grupo de Inspección en Irak (GII). Unidad militar de soldados estadounidenses y británicos que se dedica al análisis de montañas de documentos y materiales encontrados en Irak tras la guerra de 2003, que podrían estar relacionados con un supuesto programa de Armas de Destrucción Masiva (ADM). Ubicado en la base militar estadounidense de Qatar, el GII se hizo muy popular después de la guerra, al constituir una posible fuente de pruebas de la existencia de ADM, pero no tardó en caer en el olvido. Se cree que una de las razones de su súbita desaparición mediática podría ser el traslado a Irak de gran parte de sus efectivos, traductores y demás, para ayudar a paliar los crecientes problemas de seguridad del país. En febrero de 2004, aprovechando un viaje que hice a Qatar, solicité a la embajada británica que me organizara una visita al GII. «Lo siento, pero en eso no puedo ayudarle», respondió el veterano diplomático, y me aseguró que nunca había oído hablar de tal grupo.

Grupo Salafista de Predicación y Combate (GSPC). Principal grupo terrorista fundamentalista de Argelia, resultado de la escisión, en 1998, de la otra fuerza militar relevante, el Grupo Islámico Armado (GIA). En 2003 el GSPC hizo pública su relación con Al Qaeda y llamó a la *yihad* para establecer una república islámica en Argelia. Mientras que el GIA dirigía sus ataques contra civiles y militares de forma indiscriminada, el SGPC, en un principio, se centró en objetivos militares; sin embargo, poco después comenzó a secuestrar a extranjeros que trabajaban en Argelia.

Se calcula que habrán muerto 150.000 personas en Argelia desde que en 1991 dieron comienzo los enfrentamientos entre los grupos integristas musulmanes y el gobierno militar. El SGCP recibió un golpe muy duro en junio de 2004 cuando las fuerzas del Gobierno mataron en la región de la Cabilia a su presunto líder, Nabil Saharaui, y a otros cinco dirigentes islamistas.

guerra contra el islam. Campaña o agresión de las que, según se dice, es objeto la sociedad musulmana en general y la árabe en particular. Un delirio paranoide como cualquier otro. Cf. antiislámico, *Anti-American*.

guerra del Golfo. Nombre que se dio tanto a la guerra iraní-iraquí de 1980-1988 (denominada a veces «primera guerra del Golfo») como a la que libraron Irak y Kuwait en 1990-1991. Así debería llamarse también al conflicto armado precedente que enfrentó a Irán e Irak desde 1969 a 1975 y que concluyó con la firma del Tratado de Argel entre el sha y Sadam Husein. El incumplimiento por parte de Jomeini de este tratado y, en particular, del pacto de no entrometerse en los asuntos internos del país vecino, fue el motivo —si no la legitimación— de las dos guerras posteriores. Así pues, contando la de 2003, ha habido en total *cuatro* guerras del Golfo.

halal. En árabe, «lícito». El equivalente hebreo *kosher* significa «apto» o «adecuado».

halal hippie. Expresión usada en algunos países de Europa para designar a los jóvenes que afectan un estilo de vida islámico.

Halliburton. Empresa estadounidense que hasta agosto de 2004 había ganado 3.200 millones de dólares por servicios prestados en Irak a las fuerzas militares de Estados Unidos. A fecha de hoy, se calcula que el valor de los contratos adjudicados a Halliburton suma un total de 18.600 millones de dólares. Antiguos empleados de la empresa han denunciado en sesiones del Congreso múltiples casos de mala gestión por parte de Halliburton, entre los que cabe mencionar la falta de un registro de gastos, el despido de los empleados que se prestaban a declarar, el abandono de camiones valorados en 80.000 dólares porque se les habían pinchado las ruedas o el alojamiento de empleados en hoteles kuwaitíes de cinco estrellas. Cf. *sole source contracts*.

Hamás. Acrónimo de *Harakat al-Muqawama al-Islamiyya* (Movimiento de Resistencia Islámica), fracción palestina de la Hermandad Musulmana fundada en 1987. Es también el nombre de un partido político argelino mucho más moderado que no tiene nada que ver con el grupo palestino.

happy warrior (guerrero feliz). Calificativo aplicado al candidato a la vicepresidencia de Estados Unidos John Edwards durante la campaña electoral estadounidense de 2004. También se usó para referirse al candidato demócrata John Kerry en un artículo del *Washington Post* firmado por Richard Cohen: «Nadie llamaría a Kerry [...] guerrero feliz». Este término, que también se ha aplicado en ocasiones a Bill Clinton y a George W. Bush, procede de un poema escrito en 1807 por William Wordsworth (esta referencia se la debo al periodista estadounidense William Safire y a su columna «Oh Language»).

hasbarah. Término hebreo para la propaganda y la movilización de la opinión pública proisraelí, en especial, para la que tiene lugar en Europa y Estados Unidos.

hauwala. En árabe, «pagaré» o «letra de cambio». Término aplicado a cualquier sistema informal de transferencia monetaria. Se usa también en urdu y en hindi.

haves and have mores (los ricos y los más ricos). Expresión inusualmente mordaz[1] de George W. Bush en alusión al núcleo de los votantes republicanos. Cf. *compassionate conservadurism*.

hawza. Consejo religioso superior iraquí constituido por preeminentes clérigos chiíes.

hearts and minds (los corazones y las mentes). Expresión usada durante las operaciones de contrainsurgencia llevadas a cabo por

---

1. Juego de palabras intraducible basado en la locución inglesa «the haves and the have-nots» (los ricos y los pobres). (*N. del T.*)

las tropas británicas en Malaya y por las estadounidenses en Vietnam, en los años cincuenta y sesenta, que alude a los esfuerzos por ganarse a una población local a menudo insensibilizada o simplemente aterrorizada. Eufemismo para la propaganda, el soborno y la intimidación. El uso de este término brilló por su ausencia en la reacción militar que siguió al 11 de septiembre y en la etapa previa a la invasión de Irak de marzo de 2003, períodos en los que el énfasis se desplazó al ejercicio del poder militar (cf. *shock and awe*), pero reapareció a lo largo de los años 2003 y 2004, cuando se hizo patente la existencia de una oposición local generalizada a la presencia de Estados Unidos en Irak. La recuperación de este término se refleja en una declaración de cierta condescendencia histórica de la entonces consejera de Seguridad Nacional (hoy secretaria de Estado) Condolezza Rice: «Nos volvemos a enfrentar a la necesidad de ganar los corazones y las mentes».

hiyab. En árabe significa «cubrirse». En su uso convencional alude al velo de la mujer. (Véase el mito 90.)

hisba. En árabe, literalmente, «equilibrio». Término usado de modos muy diversos en el ámbito de la ley y el pensamiento islámico. En general, se refiere al equilibrio tradicional de poder e influencia dentro de la sociedad islámica. Recientemente, sin embargo, el término ha sido invocado por facciones conservadoras islámicas de Egipto para exigir a ciertos pensadores considerados poco ortodoxos que se divorcien de sus esposas (como a Nasir Abu Zeid en 1992).

Hizb ut-Tahrir. En árabe, «Partido de la Liberación». Grupo fundamentalista suní fundado en Jordania en 1953 por el *sheij* palestino Taqiuddin an Nabhanie, cuyo objetivo es la restauración del califato. Tiene seguidores en el mundo árabe, Asia Central y Europa Occidental (sobre todo en Gran Bretaña).

Hizbulah. En árabe, «Partido de Alá». Término coránico reformulado por la política árabe moderna, inicialmente en Yemen, en
los años sesenta, y ya en los ochenta, por radicales chiíes de
Líbano, país en el que cuenta con un respaldo masivo y representación parlamentaria. En julio de 2000 logró su objetivo
estratégico principal: expulsar de Líbano a las fuerzas israelíes
o afines al Gobierno israelí.

holocausto. En griego, incineración completa. En el antiguo reino
de Judea aludía al sacrificio de animales en la pira; en su uso
contemporáneo, popularizado en los años sesenta por el militante antifascista Elie Wiesel, suele referirse al genocidio de seis
millones de judíos en la Alemania nazi. Algunos historiadores
han puesto reparos a esta acepción aduciendo que, por un lado,
separa la matanza de judíos de la de otros colectivos como los
comunistas, homosexuales, discapacitados o gitanos y, por otro,
confiere un falso carácter religioso y providencial, por no decir
fatalista, a lo que no fue otra cosa que un acto de brutalidad
masiva cometido por un Estado moderno. Este segundo repa-
ro es muy distinto, en cualquier caso, a la negación del holocausto, es decir, a la afirmación de que tal genocidio nunca se llevó
a cabo o de que las cifras de personas asesinadas se inflaron
deliberadamente. Cf. arabicidio, genocidio, judeocidio, magnicidio, politicidio, *shoah*.

holy warriors (guerreros santos). Calificativo aplicado en los círculos
liberales de Washington a los neoconservadores.

Homeland Defense (Seguridad Patria). Denominación hurtada del
vocabulario soviético de la Segunda Guerra Mundial y aplicada
a la política de defensa estadounidense de finales de los noventa para justificar el programa del escudo antimisiles. Desde el 11
de septiembre se usa en Estados Unidos para designar los orga-

nismos gubernamentales competentes en materia de seguridad interna en general.

homelanders (patriotas). Calificativo con el que se conoce en Estados Unidos a los votantes convencidos del Partido Republicano.

Hulagu. Caudillo mongol que en 1258 saqueó Bagdad y puso fin al Imperio abasí, el segundo de los grandes imperios islámicos árabes. En 1991 Sadam Husein recurrió a este nombre para describir a George Bush padre. Sadam no usó entonces el término *cruzado*. Cf. cruzada.

Husein, Sadam. Ex presidente iraquí, detenido por las tropas estadounidenses en 2003. Nació cerca de Tikrit, al norte de Irak, en 1937. Se unió al clandestino Partido Baaz en los años cincuenta. En 1959 resultó herido en un atentado fallido a la vida del presidente Abd al-Karim Qasim y huyó del país para refugiarse en El Cairo, donde mantuvo contacto regular con la embajada de Estados Unidos. En julio de 1968, cuando los baazistas tomaron el poder, Sadam ya era una figura importante del partido, y a principios de los setenta era de hecho la persona más poderosa de Irak, aunque no llegó oficialmente a la presidencia hasta 1979. Como presidente, condujo al país a dos guerras desastrosas contra Irán (1980-1988) y Kuwait (1990-1991). Husein fue un gran estudioso de la vida del dictador soviético Iósef Stalin y se le atribuye la autoría de varias novelas.

Antes de su caída dijo: «Podéis desembarazaros de mí como presidente, pero cuando lo hagáis, necesitaréis otros siete presidentes para mantener el país a raya». En otra ocasión, en referencia a la belicosa reacción de Irak que siguió a un incidente fronterizo con Kuwait, le comentó a una visita kuwaití: «Cuando un gato molesta, no se le estira de la cola: se le corta la cabeza».

A pesar de su captura, sigue gozando de gran popularidad

en la mayor parte del mundo árabe, donde se le conoce como *al-rais al-asir*, «el presidente cautivo». (Para un estudio más detallado consúltese Said Aburish, *Saddam Hussein: The politics of revenge*, Bloomsbury, Londres, 2001 y Kanan Makiyya *Republic of fear: The politics of modern Iraq*, University of California Press, 1998 [se trata de una nueva edición; la primera se publicó en 1989 bajo el pseudónimo de Samir al-Jalil].)

ijtihad. Palabra árabe de la misma raíz que *yihad*. Se define como la opinión individual en la interpretación de textos del islam y se asocia particularmente al chiísmo. Según la postura ortodoxa suní, «la puerta de la *ijtihad*» se cerró hace siglos. Cf. *yihad*.

ilm. En árabe, «conocimiento» o «ciencia». Raíz de *alim* (en plural, *ulema*), «sabio», apelativo tradicional de los clérigos musulmanes. En su uso moderno se aplica indistintamente a lo que en Occidente llamaríamos teología o ciencias naturales. La palabra aparece en una cita del Profeta, «*utlub al-'ilm hatta fi al-Sin*» (buscad el conocimiento hasta en China), invocada a menudo para fomentar una actitud desprejuiciada hacia las ideas de origen no musulmán, por lejana que sea su procedencia (en el siglo VII China era de hecho el lugar más remoto del mundo conocido).

Ilustración. Movimiento intelectual europeo del siglo XVIII vinculado al laicismo, al racionalismo y al cosmopolitismo. En años recientes este término se ha visto sometido a un abuso constante por parte de politólogos occidentales y del papa Benedicto XVI, y se ha incorporado al discurso islamista, que tiende a apropiárselo arguyendo que el islam aporta su propia luz (*nur*) al entendimiento y que la ilustración (*tanwir*) es posible mediante la experiencia religiosa. En Israel, por el contrario, la *haskala* se ha convertido en un blanco de la crítica fundamentalista judía; de ahí que el primer ministro israelí Ariel Sharon hiciera un uso tan frecuente de este término en sus alusiones desdeñosas a los estados europeos ilustrados (*maskilim*) que apaciguaron la Alemania nazi de 1938.

Imperial hubris (Arrogancia imperial). Título del libro publicado en el verano de 2004 por un ex funcionario de la CIA que prefirió guardar el anonimato. En él se afirma que Estados Unidos está perdiendo la guerra contra el terrorismo y que la invasión de Irak sólo ha servido para fortalecer la posición de los terroristas. La voz inglesa *hubris* deriva del griego *hybris*, arrogancia desmedida que conduce inevitablemente al desastre.

imposición. Término de uso muy extendido en Oriente Próximo para calificar aquellos acuerdos, compromisos y tratados que se consideran «impuestos» (en árabe, *mafrud*; en persa, *mahmul*) por el exterior y que, por tanto, no tienen por qué respetarse. En Irán también se usa para aludir a la primera guerra del Golfo, provocada por Irak en 1980 (*yang-i mahmul*, «la guerra impuesta»), denominación que no sólo sirve para exculpar a Irán, sino que además da a entender que, al invadir el país vecino, los iraquíes actuaron a instancias del imperialismo occidental.

individuals of investigative interest (individuos sobre los que interesa indagar). Expresión usada por el FBI en verano de 2001 para eludir a los árabes inscritos en cursos prácticos de aviación, de los que se sospechaba —con razón, como se comprobaría más tarde— que podían estar planeando el secuestro de un avión de pasajeros.

individuos errados. Expresión con la que la prensa saudí designa a los terroristas.

institucionalmente molestos. En estos términos explicó la Unión Europea (UE) los reparos que pusieron algunos funcionarios de Bruselas a los planes israelíes de expansión de sus asentamientos.

En cualquier caso, dichos reparos no se tradujeron en la desaprobación oficial de ningún país miembro de la UE.

intelligence (inteligencia). Una de las palabras de las que más se ha abusado en toda la historia del 11 de septiembre. Bajo su apariencia de información secreta, esta «inteligencia» era en su mayor parte rumor, conjetura, insinuación o mera invención. En su libro *Osama: Maiking of a terrorist* (Knopf, Nueva York, 2004), el periodista estadounidense Jonathan Randal ofrece una sagaz confrontación de los términos «inteligencia» y «conocimiento».

intelligence data (datos de inteligencia). También llamados «datos de inteligencia en bruto» o «información consistente». Suponer la existencia de hechos o datos esenciales y sencillos, susceptibles de ser interpretados o analizados más tarde en una operación independiente, constituye un error epistemológico elemental. Cf. *raw intelligence*.

intelligence-industrial complex (complejo industrial de los servicios de inteligencia). Término empleado por James Bamford, gran conocedor de los servicios de inteligencia estadounidenses, para describir el funcionamiento de la CIA, agencia que a pesar de haber incrementado sus asignaciones presupuestarias, ha podido reducido su personal gracias a la subcontratación habitual de servicios a empresas privadas cuyas plantillas se nutren, a su vez, de antiguos agentes de la CIA. En sus artículos, Bamford conjetura que puede haber en activo miles de agentes subcontratados de este tipo, que cuestan cientos de millones de dólares, y plantea serias dudas sobre su competencia, eficacia y supervisión financiera. («Rent a spy» [Espías de alquiler], *International Herald Tribune*, 21 de junio de 2004).

Intifada. En árabe, «sublevación». Término derivado de *faudha*, «recrudecimiento» o «caos». El nivel de movilización que implica se sitúa un grado por debajo del de la *zaura* o revolución. Con este término se conocen las manifestaciones populares de 1948 y 1952 en Irak, así como el levantamiento campesino orquestado por el Estado de Yemen del Sur en los años 1970-1971, aunque principalmente se asocia a los movimientos palestinos contra la ocupación israelí de los años 1987-1992 y 2000-2001.

iqab Alah. Expresión de la misma raíz semántica que *uqubat* (sanciones). Literalmente significa «castigo de Alá». Fue empleada por Osama Bin Laden en sus declaraciones sobre los atentados del 11 de septiembre y posteriormente halló eco entre las masas que se manifestaron en todo el mundo árabe.

islam. En árabe, literalmente, «sumisión». Religión revelada al profeta Mahoma entre el 610 y el 632 d.C., y que constituye actualmente el credo de más de 1.000 millones de personas; de ellas, cerca de un noventa por ciento son suníes, alrededor de un diez por ciento chiíes y el resto se distribuyen en grupos menores como, por ejemplo, los ibadíes de Omán. Más de cincuenta países integran la Organización de la Conferencia Islámica, un organismo interestatal fundado en 1969 a raíz de un incendio provocado en la mezquita de al-Aqsa de Jerusalén. Los textos fundamentales del islam son el Corán —la palabra de Alá revelada a Mahoma— y los hadices o dichos atribuidos al Profeta.

Islambuli, Jaled. Asesino del presidente egipcio Anuar al-Sadat, que disparó contra éste durante un desfile militar en octubre de 1981. Es también el nombre de una calle de Teherán, bautizada en su honor, y de uno de los muchos grupos guerrilleros que han surgido recientemente en Irak y al que se le atribuye, entre otras cosas, la matanza de doce trabajadores nepalíes en agosto de 2004.

islamista. Término de uso equivalente a «fundamentalista» o «integrista» musulmán, aplicado a los partidarios de la intangibilidad de unos valores supuestamente tradicionales que puedan servir de base a un programa político radical. Los ejemplos de islamismo son numerosos e incluyen la Revolución iraní, la Hermandad Musulmana, el deobandismo o el movimiento talibán.

Jackson, Robert. Ciudadano estadounidense de cuarenta y cuatro años que, en junio de 2004, fue secuestrado y asesinado en Riad, capital de la Arabia Saudí. Sus secuestradores afirmaron más tarde que lo mataron porque trabajaba para Vinnell, la empresa de armamento estadounidense que fabrica los helicópteros Apache empleados en la lucha contra los rebeldes iraquíes.

Jerusalén. Del hebreo *ir ha-shalom* (ciudad de la paz). Tanto Israel como Palestina reivindican esta ciudad como su capital política. El nombre árabe de la ciudad, al-Quds (la Bendita), procede de su antiguo nombre hebreo, *ir ha-kodesh* (la ciudad santa).

En su uso político es un término con una enorme variedad de significados. En cualquier caso, su área urbana ha crecido mucho en tiempos recientes y la antigua Jerusalén —donde se encuentran los santuarios cristianos, judíos y musulmanes— es hoy el pequeño centro histórico de una gran urbe moderna rodeada por extensos barrios periféricos. La importancia religiosa que ha tenido la ciudad para las tres religiones ha fluctuado mucho en los últimos siglos y casi siempre lo ha hecho al compás de los intereses políticos de la época. (Véase el mito 84.)

judeocidio. Literalmente, acción de matar judíos. Término de uso análogo y a veces equivalente a *holocausto*. Cf. arabicidio, genocidio, holocausto, magnicidio, politicidio, *shoah*.

Karshi. Ciudad de Uzbekistán en la que las tropas estadounidenses establecieron su base para las operaciones en Afganistán y Asia Central. La existencia de esta base es la razón que se suele aducir para explicar la indulgencia de Estados Unidos —en nombre de la guerra contra el terrorismo— con el régimen dictatorial del presidente uzbeco Islam Karímov.

kemalismo. Ideología de Mustafá Kemal Pasha, *Ataturk* (Padre de los Turcos), que se impuso en Turquía tras el establecimiento de la República Turca como Estado unitario y laico, en 1923. Los seis pilares del kemalismo son la república, el pueblo, la nación, el laicismo, el Estado y la revolución. El kemalismo sigue siendo la ideología imperante del Estado y el Ejército turcos, y cuenta con la oposición de los partidos integristas musulmanes y de los separatistas kurdos.

Kongra-Gel. Acrónimo kurdo del Congreso Popular del Kurdistán, nuevo nombre del antiguo Partido de los Trabajadores del Kurdistán (PKK). En junio de 2004 esta organización dio por concluida la tregua negociada en 1999, pero a pesar de los esfuerzos del Gobierno turco por responsabilizar al Kongra-Gel de los atentados de agosto de 2004 en un hotel de Estambul, la mayor parte de las pruebas apuntan a la autoría de grupos islamistas (cf. Abu Hafs al-Masri) e incluso a la posibilidad de que fueran parte de una guerra entre bandas criminales.

kufr. En árabe, «incredulidad» o «falta de fe». El Corán asocia el término a los enemigos de la fe, a los no musulmanes, a los apóstatas. No es un equivalente preciso del término cristiano *blasfemia*. Actualmente se usa como insulto aplicable a todo aquel cuyo punto de vista no coincida con el del hablante. Las personas a las que se les atribuye el *kufr* reciben el calificativo de *kafir*, traducible en general por «infiel» o «no creyente». La palabra fue adoptada por marineros holandeses y portugueses del siglo XVII y más tarde arraigó en Sudáfrica como un insulto racista de uso europeo: *kaffir.*

libanización. Fragmentación de un país en grupos étnicos y religiosos armados que cuentan con apoyo político exterior, como la que se produjo en Líbano durante la guerra civil que vivió el país de 1975 a 1991. Se asocia al miedo de que un proceso similar pudiera darse en otros países de Oriente Próximo y más particularmente en el Irak de los años 2003 y 2004. En Pakistán se suele citar el modelo paralelo de «afganización», y durante los siglos XIX y XX los estados europeos padecieron un miedo similar con los procesos de «balcanización».

liberalismo. Término muy usado por los líderes conservadores de la República Islámica de Irán que suele aparecer en eslóganes como el que en 1979 sirvió de justificación al cierre de las oficinas de prensa de la oposición: *marg bar liberalism* («muerte al liberalismo»). En su uso fundamentalista alude a cualquier razonamiento o actividad prooccidental, laica o disidente. El término procede directamente del vocabulario comunista estalinista, al igual que muchos otros conceptos del integrismo islámico, entre los que cabe mencionar el «imperialismo», la «revolución» y el «partido» (*hizb*).

limbo. En la teología cristiana, lugar sobrenatural (no está en la Tierra, pero tampoco en el cielo o el infierno) en el que las almas de los santos y patriarcas antiguos esperan la redención y adonde van las almas de quienes mueren sin bautismo antes de tener uso de razón. En expresiones habituales de la jerga política contemporánea como «limbo jurídico» no se asocia a una situación provisional o transitoria, sino más bien a una posición que cae fuera de toda jurisdicción o ámbito de responsabilidad, como en el caso de los presos que fueron detenidos después del 11 de septiembre y se encuentran en centros penitenciarios repartidos por todo el mundo.

limpieza étnica. Término popularizado en la década de los noventa para designar el desplazamiento forzoso de grupos étnicos durante conflictos bélicos como los que asolaron Croacia, Serbia y Bosnia. Por supuesto, la limpieza étnica no se circunscribe a los Balcanes, y su práctica cuenta con numerosos ejemplos modernos en Oriente Próximo, pese al continuo y ruidoso mentís de los responsables y sus descendientes. Baste mencionar la expulsión de los palestinos por los israelíes en los años 1948 y 1949, la de los kurdos por el régimen baazista de Irak en los ochenta, la de minorías no árabes durante las guerras de Sudán, la de griegos y armenios en Turquía durante las primeras décadas del siglo XX o la de los turcos y otros pueblos musulmanes de los Balcanes y las costas del mar Negro durante los siglos XIX y XX. A pesar de haber sido empleada durante la Segunda Guerra Mundial por escritores nazis y croatas, el uso habitual de la expresión «limpieza étnica» en los años noventa no conserva la asociación del término serbio original (*etnicko ciscenje*) con la palabra comunista «purga», un eufemismo comúnmente aplicado a las matanzas y ejecuciones políticas de la época de Stalin o a los desplazamientos de población ordenados por el ejército yugoslavo. En cualquier caso, la siniestra polisemia de la palabra *limpieza* puede dar a entender que el desplazamiento forzoso que designa no dista mucho de la matanza o el genocidio. De hecho, en todos los casos de limpieza étnica referidos, una parte considerable de la población «limpiada» fue asesinada, lo que a su vez pudo constituir un argumento muy convincente para que el resto se decidiera a marcharse.

locations (emplazamientos). Eufemismo militar estadounidense para «cárceles secretas».

magnicidio. En sentido lato, asesinato de una persona importante por su cargo o su poder. Jurídicamente alude a la muerte violenta dada a la persona que desempeña la máxima representación del Estado. Curiosamente, no suele tratarse como agravante del homicidio sino como delito específico, pues se considera que atenta contra determinados intereses colectivos (la seguridad del Estado, la Constitución, la Corona) y no contra la vida o contra las personas. Es evidente, no obstante, que no puede haber magnicidio que no atente contra la vida, pues su comisión exige que se produzca la muerte de una o más personas determinadas en función de su cargo. La determinación de estas personas depende en gran medida de la constitución política del Estado: en algunos, el magnicidio sólo atañe al jefe del Estado; en otros incluye al presidente del Gobierno y a los presidentes de las Asambleas legislativas; si el Estado está constituido como una Monarquía, también alude al asesinato de cualquier ascendiente o descendiente del jefe del Estado y al de los sucesores o herederos directos de la Corona. Cf. Arabicidio, genocidio, holocausto, judeocidio, politicidio, *shoah*.

magus. Sacerdote zoroástrico, maestro de artes oscuras, «mago». La tradición cristiana hace uso de este término para aludir a los tres sabios, *magi*, que acudieron al nacimiento de Jesús en Belén. En su uso árabe moderno se trata de un insulto habitual contra los persas, usado, entre otros, por Sadam Husein en referencia al ayatolá Jomeini durante la guerra iraní-iraquí. En la terminología occidental, *magismo* es un sinónimo —algo anticuado, tal vez— de *zoroastrismo* y *parsismo*.

mainlining (chute). Este término, que en la jerga popular alude a la inyección de narcóticos en la sangre, fue muy usado en el período previo a la guerra del Golfo de 2003 por funcionarios del gobierno de Estados Unidos en referencia a la supuesta filtración de información de la oposición iraquí en informes oficiales de los servicios de inteligencia.

mamluk. En árabe significa literalmente «poseído», «que es propiedad de alguien». En su uso contemporáneo suele aludir a la dependencia que tienen ciertos Estados árabes de asesores y especialistas occidentales, dependencia que redunda en un debilitamiento fatídico de su iniciativa e independencia. Históricamente se ha llamado así al cuerpo especial de soldados y administradores turcos criados como esclavos que puso a su servicio el imperio abasí, iniciando un proceso de debilitamiento gradual del dominio árabe que acabaría con el ascenso de los otomanos al poder.

marxismo-darwinismo. Término acuñado por el novelista mexicano Carlos Fuentes para describir la política de la administración de George W. Bush: una combinación de confianza en un inevitable proceso económico de emancipación y de culto a la supervivencia del más apto.

Meca, La. En árabe, *Makka al-Mukarrama* (Meca la Bendita). Antigua ciudad comercial y centro de peregrinaje del Hiyaz, región occidental de Arabia Saudí, con una población de 700.000 habitantes (en el año 2000). En ella se encuentra la Kaaba (del árabe *kaba*, «cubo»), una piedra cubierta de un manto negro que se erige en el centro de la Gran Mezquita, la que, según se dice, fue construida por Adán y más tarde reconstruida por Abraham e Isaac como una réplica de la casa de Dios. El *hach*, el peregrinaje a La Meca que todo buen musulmán debe realizar al menos una vez en la vida, es uno de los cinco deberes o pilares (*arkán*) del islam. La ciudad cuenta actualmente con un radio de exclusión de treinta kilómetros de acceso restringido a musulmanes. Como figura lingüística se aplica a aquellos lugares que atraen por ser el centro donde una actividad determinada tiene su mayor o mejor cultivo.

Middle East.[1] En inglés el término aparece por vez primera en 1902, en un artículo del almirante estadounidense Alfred Thayer Mayan («The Persian Gulf in international affairs», *National Review*, septiembre de 1902, pp. 27-45). El topónimo trata de designar el área comprendida entre el Mediterráneo y la India, donde empieza el denominado Extremo Oriente. El uso de este término ha desplazado hasta cierto punto al de *Near East* (que engloba Turquía y las regiones árabes del Mediterráneo), «levante» o «Asia Occidental», y ha pasado a comprender los países árabes orientales, Turquía, Irán e Israel, aunque formalmente excluye a Afganistán y Pakistán.

A pesar de su origen fortuito e imperial, se ha traducido literalmente en las lenguas de casi todos los países de Oriente Próximo. Baste aducir los ejemplos del topónimo árabe *al-sharq al-awsat*, el persa *javar miane* o el hebreo *ha-mizrach ha-tijom*. El término original se ha ampliado con los más recientes *Greater Middle East*, creado a raíz de la política estadounidense de 2003 y que abarca Afganistán pero no Pakistán, y Asia Occidental Mayor, topónimo que yo mismo acuñé para incluir también a este último país (véase mi libro *Two hours that shook the world*, Saqi,

---

1. Los topónimos que incluyen términos como «Oriente» y «Occidente» dependen en gran medida del país en que se adopten. Así, la traducción española correcta de «*Middle East*» no es «Oriente Medio» sino «Oriente Próximo», que comprende geográficamente Arabia Saudí, Bahrein, Chipre, Egipto, Emiratos Árabes Unidos, Irak, Irán, Israel, Jordania, Kuwait, Líbano, Libia, Omán, Qatar, Siria, Sudán y Yemen. En principio este topónimo excluye (como su equivalente inglés) la zona de Afganistán y Pakistán, pero por razones de ahorro se ha considerado en la presente edición que el término engloba también a ambos países. En esta entrada se han dejado en su lengua original aquellos términos cuya traducción literal o semántica podría resultar confusa. (*N. del T.*)

Londres, 2001). No deja de ser curioso que en una época como la actual, tan dada a discusiones sobre términos geográficos (como el Extremo Oriente, la Europa Central, las Islas Británicas, etc.), se hayan puesto tan pocas objeciones nacionalistas a este topónimo de origen estadounidense.

mild noninjurious physical contact (contacto físico leve no perjudicial). Expresión militar estadounidense que aparece en el memorándum oficial del 8 de enero de 2003, por el que se actualiza el manual militar de campaña estadounidense de 1987 y en el que se detallan diecisiete técnicas de interrogación permisibles. Cf. *stress position.*

militarismo. Término sociológico aparentemente bien definido que alude a la función que desempeñan en la sociedad los asuntos militares. Un examen riguroso del concepto revela, no obstante, una multitud de significados dispares: influencia del ejército en el gobierno de un Estado, dedicación de grandes porcentajes del presupuesto estatal a temas militares, respaldo de la población a la guerra, entusiasmo generalizado por la cultura bélica y combativa, mayor influencia de las fuerzas armadas en la sociedad y gran propensión de esta sociedad a entrar en guerra.

misiles Qasam. Misiles artesanales fabricados por el grupo palestino Hamás en pequeños talleres de Gaza. Consisten en un tubo largo de acero en el que se introduce una carga explosiva de 9 kilogramos y tienen un alcance de unos 11 kilómetros. Se usan en acciones contra los israelíes asentados en la franja de Gaza y sus alrededores.

«Mission accomplished» (misión cumplida). Declaración realizada por George W. Bush después de aterrizar en un portaaviones frente a la costa de California, en mayo de 2003. Morirían más estadounidenses en Irak después de esta fecha que durante la guerra precedente. (Véase el mito 100.)

mochila bomba.[1] Esta expresión, acuñada tras los atentados del 11 de marzo en Madrid, recuerda a otras más frecuentes, como «coche bomba», «camión bomba», pero posee un tono particularmente siniestro.

mofsid fi alarz. En persa, «sembrador de la corrupción en la tierra». Afrenta genérica usada para desprestigiar —y, en juicios, condenar a muerte— a todo aquel que se oponga al régimen iraní. Cf. *moharib bi Joda, moser, rodef.*

Mohamed el Egipcio. Cf. Rabei Osman al-Sayed Ahmed.

moharib bi Joda. En persa, «el que combate contra Dios». Al igual que *mofsid fi al arz*, tiene un marcado carácter moral y en Irán es usado con frecuencia como arma jurídica para condenar a los que se oponen al régimen. Cf. *mofsid fi al arz, moser, rodef.*

mondadientes. Como bien dijo el inspector de desarme de la ONU Hans Blix, los misiles iraquíes al-Samud 2, que el Gobierno de Bagdad había empezado a destruir en 1998, no son precisamente «mondadientes».

moral clarity (claridad moral). Expresión muy manejada en Washington tras el 11 de septiembre para promover el apoyo de la opinión pública a una visión simplista de la historia y la política exterior. A menudo precede o va precedida de citas cuidadosamente escogidas de autoridades en la materia, como Winston Churchill o Woodrow Wilson.

moser. En hebreo, «informador». Término jurídico de la *halajah* con el que se condena a muerte a los judíos acusados de poner en peligro a otros judíos o de exponerlos a ataques externos. A prin-

---

1. En español en el original. *(N. del T.)*

cipios de los noventa, se usó para desprestigiar al primer ministro israelí Isaac Rabin.

mouvance. Neologismo francés de los años setenta, empleado a menudo en alusión a grupos que, como Al Qaeda, no están organizados según una disposición central al uso, sino de forma más flexible y descentralizada.

muhayirun. En árabe, literalmente, «emigrados». Se aplica en particular a los musulmanes que tomaron parte en la hégira de La Meca a Medina. No deben confundirse con los llamados *al-ansar* («los que ayudaron» al Profeta), que eran oriundos de Medina. Término de uso habitual entre los grupos islamistas.

mulá. Del árabe *mulah*, «maestro» o «señor». Término similar a rabí (del hebreo *rabbi*, «mi maestro»). Entre los chiíes, apelativo genérico de los clérigos musulmanes o *ulema* (en singular, *alim*). La versión surasiática del término, *maulana*, significa «clérigo respetado». Cf. *ilm, ulema.*

mulaísmo. Término peyorativo —aunque certero— usado en el ámbito político pakistaní para descalificar al partido Jamiat Ulema e Islam, que apoyó a los talibanes en Afganistán y a otras fuerzas políticas de carácter religioso. Análogo al término persa *ajundismo.* Cf. *ajund*, Mutahida Machlis e Amal.

multiple intelligence sources (múltiples fuentes de inteligencia). Calificación con la que supuestamente se confiere solidez a la información en que se basa el juicio en materia de seguridad nacional. A menudo se ha justificado como una precaución por la seguridad, pero no suele ser más que el reflejo de la duplicación de datos insustanciales o de deficiencias en la evaluación de las distintas fuentes de inteligencia.

muro de separación. Denominación israelí del muro de hormigón levantado durante los años 2003 y 2004, que penetra en los territorios de Cisjordania y Gaza. En árabe se conoce simplemente como «el muro».

muscle hijacker (secuestrador forzudo). Terrorista que no toma control del avión, sino que se encarga de mantener a los pasajeros a raya.

muscular (vigoroso). Eufemismo para el trato brutal, violento y a veces ilegal que reciben los prisioneros.

musulmán. Que profesa el islam. El término arcaico *mahometano* es inapropiado, pues deriva de una falsa analogía con la designación de «cristianos» para los seguidores de Cristo, inaplicable al profeta Mahoma por no ser éste de naturaleza divina.

mutawiun. En árabe, literalmente, «voluntarios». Los *mutawiun* son los guardianes de la fe, el cuerpo policial de Arabia Saudí y Afganistán encargado de «exhortar al bien y prohibir el mal» (en árabe, *amr bil ma'ruf wa nahi «anil munkar*, una frase repetida varias veces en el Corán; curiosamente, la palabra empleada para el mal —*munkar*— significa literalmente «lo desconocido»); una fuerza irregular, brutal, autoritaria y entrometida, integrada por miembros de tribus disidentes y dedicada al acoso público de mujeres, extranjeros y otros colectivos.

Mutahida Machlis e Amal (MMA). En árabe, «Consejo Unificado de Acción». Coalición electoral pakistaní de partidos islamistas que en las elecciones de 2002 ganó el control de dos de las cuatro provincias del país. En pago del permiso que se le otorgó para participar libremente en las elecciones, el MMA votó una enmienda a la Constitución que permitió al presidente Musharraf conservar sus poderes dictatoriales hasta el 2007.

muwahhidun. Término correcto para designar a los que en Occidente se suele llamar «wahabíes». Literalmente significa «unitarios» y se aplica particularmente a aquellos [musulmanes] que manifiestan públicamente su creencia en la unidad de Dios. La costumbre de llamar «wahabíes» a los musulmanes árabes hanbalíes, en honor de Mohamed Abdul Wahab, fundador de esta corriente religiosa en el siglo XVIII, deriva probablemente, al igual que el uso incorrecto del término *mahometano* en lugar de *musulmán*, de una transposición de la tradición cristiana, que da a la religión el nombre de su fundador, Jesucristo (a nadie parece importarle, en este caso, el hecho de que el propio Cristo nunca recibiera este nombre en vida, pues procede de un término del griego clásico que significa «el ungido»). Cf. *vovchik*, wahabismo.

muyahidín. Del árabe *muyahidin*, plural de *muyahid*, «combatiente de la *yihad*». En su uso político moderno se aplica a combatientes nacionalistas e islamistas como los que lucharon en la guerra de independencia de Argelia (1954-1962), en la resistencia antimonárquica opuesta al sha (1971-1979) o en la guerra contra el comunismo en Afganistán (1978-1992). Cf. *ijtihad*, *yihad*.

«My Pet Goat» (mi mascota, la cabra). Título del cuento infantil incluido en el libro de texto que George W. Bush siguió leyendo durante nueve minutos en una escuela de Sarasota, el 11 de septiembre de 2001, tras ser informado de las explosiones en las torres del World Trade Center. La grabación televisiva de este suceso se hizo celebre y apareció en la película de Michael Moore *Fahrenheit 9/11*. Cf. *Fahrenheit 9/11*.

al-nakba. En árabe, «el desastre». Denominación palestina de la guerra árabe-israelí de 1948-1949, y la consiguiente expulsión de cientos de miles de árabes. Conocida en Israel como «la guerra de la independencia».

al-naksa. En árabe, «la derrota». Denominación palestina de la guerra árabe-israelí de 1967 o guerra de los Seis Días, con la que dio comienzo la ocupación de los territorios de Cisjordania y Gaza.

nation-building (desarrollo nacional). Término político que confunde *nación* con *Estado*: debería hablarse de «desarrollo estatal» o «desarrollo del Estado». Acuñado en los años sesenta y setenta para aludir a los procesos de democratización y desarrollo del Estado y otras instituciones en países de independencia reciente, su uso se recuperó a finales de los noventa y durante la administración de George W. Bush, primero para despreciar la política del anterior presidente, Bill Clinton, en Bosnia y Haití («no nos dedicamos al desarrollo nacional») y más tarde, tras las guerras de Afganistán (2001) e Irak (2003), para describir las políticas de ocupación de Estados Unidos en estos países y dar a entender que la campaña militar iba acompañada de un serio y parejo compromiso político. Cf. *do*.

National Comission on Terrorist Attacks Upon the United States (Comisión Nacional de Investigación de los Atentados contra Estados Unidos). Más conocida como la «Comisión del 11-S». A petición del Congreso estadounidense, redactó un informe que más tarde se convertiría en *best-seller* nacional. Este informe menciona «errores de previsión, política, capacidad y gestión», y detalla múltiples «fallos operacionales» de los servicios de inteligencia estadounidenses previos al 11 de septiembre entre los que destacan: la incapacidad de los cuerpos de inteligencia para intercambiar información, el visto bueno a información falsa de pasaportes y solicitudes de visado, el seguimiento de dos terroristas conocidos que entraron en el país durante el verano de 2001 y la inclusión de los nombres de estos terroristas en las listas negras del tráfico aéreo.

National Intelligence Estimate (Valoración del Servicio Nacional de

Inteligencia). Valoración del Gobierno de Estados Unidos sobre un tema de los servicios de inteligencia o sobre la situación en un país en particular, como la que se hizo pública en octubre de 2002 acerca de Irak.

natural growth (crecimiento natural). Eufemismo usado por la administración Bush en 2004 para quitar hierro a la expansión de los asentamientos israelíes en Cisjordania, muy acorde con la aprobación general —aunque no siempre explícita— del gobierno de Estados Unidos a los planes de Ariel Sharon.

negación. Literalmente, expresión de que algo no es cierto. En la teoría psicoanalítica freudiana *negar* equivale a no aceptar cualquier tipo de realidad, ya sea un suceso desagradable o un trauma particular sufrido por el individuo. En los ochenta y noventa el término adquiere un uso más vago y empieza a referirse a la negativa por parte de individuos o grupos a asumir la responsabilidad de sus propios crímenes o de los conflictos que ellos mismos han iniciado.

new thinking in the law of war (nuevo pensamiento conforme a las leyes de la guerra). Expresión empleada por George W. Bush en referencia a las leyes militares estadounidenses que regulan las técnicas de interrogación de presos. Forma parte de la estrategia general de EE UU avalada por el secretario de Defensa, Donald Rumsfeld, para socavar los cimientos de la Convención de Ginebra de 1949 sobre el trato debido a los prisioneros de guerra.

no blood for oil (no más sangre por petróleo). Consigna de denuncia de las guerras de Kuwait, Afganistán e Irak (desde 1990 hasta hoy), asentada sobre la tesis implícita de que la decisión de lanzar dichas campañas no tuvo nada que ver con cuestiones humanitarias o estratégicas. Suele venir acompañada de una crítica simplista de la violencia de Occidente sin ninguna referencia a la de los terroristas o los Estados militaristas de Oriente Próximo.

no es Europa. Expresión desdeñosa equiparable al rechazo de un individuo porque «no es uno de los nuestros». Se ha dicho de países que ciertos miembros de la UE quieren excluir permanentemente de la Unión; especialmente de Turquía, y también de Ucrania, Rusia y otros estados transcaucásicos. Las expresiones de este tipo son una clara muestra de arbitrariedad y de un desconocimiento absoluto de la historia de Europa y de sus fronteras, y suelen ir acompañadas de la peregrina teoría y la práctica aceptación de que países mucho más lejanos, como Australia o Estados Unidos, sí forman parte del continente.

En particular, soslayan el hecho de que la península Ibérica y los Balcanes estuvieron durante siglos bajo dominación islámica y de que buena parte de los componentes culturales esenciales de Europa —entre los que se cuentan la religión, la alimentación y el vocabulario— derivan de la interacción con Oriente Próximo. Por no hablar de la huella que ha dejado la migración de millones de musulmanes a ciudades europeas en décadas más recientes.

nomadic year (año nómada). Expresión con la que George W. Bush suele aludir a su período de prestación militar en 1972, es decir, al tiempo que pasó holgazaneando.

non-judicial punishment (condena no judicial). Término sacado del artículo 15 del Código de Justicia Militar de EE UU, invocado para reducir o anular las condenas a soldados estadounidenses acusados de torturar o maltratar a prisioneros de guerra.

Noriba Bank. En árabe *riba* significa «interés». Noriba (de «no *riba*», «sin interés») es la denominación que se le da en el golfo Pérsico al «banco islámico», un banco en el que no se opera con el interés bancario, prohibido por el islam. (Véase el mito 41.)

nuevo terrorismo. También llamado superterrorismo, megaterrorismo o terrorismo nuclear. Distinción que se establece entre el terrorismo de Al Qaeda y otros grupos semejantes y formas previas de terrorismo como las del IRA, en las que los medios eran más limitados y para las que siempre existía la perspectiva de un proceso de negociación política.

October surprise (sorpresa de octubre). Expresión de la jerga política estadounidense en alusión a los sucesos supuestamente orquestados en el mes previo a las elecciones, celebradas el primer martes de noviembre, que pueden adulterar de forma imprevista los resultados electorales. Se ha dicho, por ejemplo, que durante la campaña electoral de 1980 el Partido Republicano entabló negociaciones secretas con el Gobierno iraní, que tenía en su poder a varios rehenes estadounidenses, para que éstos no fueran liberados; de este modo se logró poner en una situación embarazosa al presidente en ejercicio, Jimmy Carter, e inclinar los resultados electorales a favor del candidato republicano, Ronald Reagan. Casualmente, los rehenes fueron liberados en junio de 1981, minutos después de que Reagan jurara el cargo de presidente, aunque cabe la posibilidad de que la coincidencia se debiera a una decisión política independiente del Gobierno iraní y no a un contrato secreto, cuya existencia nunca se ha demostrado, pese a los esfuerzos de investigadores como Gary Sick (véase su libro *October surprise: America's hostages in Iran and the election of Ronald Reagan*, Times Books-Random House, Nueva York, 1991).

Durante la campaña de las elecciones presidenciales de 2004, se habló mucho de una eventual sorpresa de este tipo, como la captura o la muerte de Osama Bin Laden a manos del ejército de Estados Unidos (con la insinuación añadida de que si Bush hubiera querido, podría haberse llevado a cabo mucho antes), o un ataque militar sobre Irán para distraer la atención de Irak y Palestina. Al final, la única sorpresa de octubre que, a juzgar por los datos disponibles, no inclinó la balanza a uno u otro lado fue la emisión televisiva de un discurso de Osama Bin Laden poco antes de las elecciones.

Oficina de Planes Especiales. Unidad de cierta sonoridad soviética, creada por Donald Rumsfeld y Paul Wolfowitz con personal del Pentágono y de la comunidad de inteligencia estadounidense para forzar la búsqueda de vínculos entre Irak y Al Qaeda, y planificar la situación posbélica en Irak. La Oficina de planes especiales operaba con total libertad y no dependía de los cuerpos regulares de defensa o de inteligencia. Cf. *boutique* CIA.

OMEA. Acrónimo inglés de *Of Middle East Appearance* (de aspecto próximo-oriental). Forma parte de la clasificación racial realizada por las autoridades estadounidenses.

Operation Enduring Freedom (Operación Libertad Duradera). Nombre que adoptó finalmente la campaña militar estadounidense contra los talibanes de Afganistán tras el abandono de versiones anteriores, como la de Operación Justicia Infinita (de la que se dijo que era ofensiva para los musulmanes, pues sólo Alá es capaz de un acto semejante).

operativa. Término usado en una gran variedad de contextos, con el que se da a entender que una política o unidad se corresponde con una actividad práctica o se confiere solidez —a menudo tendenciosa— a informes de los servicios de inteligencia. Fue empleado por funcionarios del Gobierno de Estados Unidos para dotar de realidad ficticia a su política exterior y de seguridad común, cuando lo único que ésta dispuso fue el establecimiento de una estructura institucional que permitiera la creación de una fuerza de reacción rápida de 60.000 soldados.

Oriente Próximo. Cf. *Middle East*.

otro. O, como suele aparecer en los estudios sobre la cultura y las relaciones entre civilizaciones, «el otro». A menudo se aplica a las relaciones entre la cultura europea, implícitamente cristiana, y el mundo islámico, para apoyar la teoría de que la identidad de Europa se formó en un contexto histórico de conflicto. En el ámbito de la psicología evolutiva se trata de un concepto válido, con el que se define el proceso por el que el niño toma conciencia de su propia individualidad y se diferencia a sí mismo de sus padres o su familia, pero su uso en la descripción de las relaciones entre Estados o pueblos se presta a confusión.

En primer lugar, plantea un problema teórico: a diferencia de las personas, los pueblos y las naciones son, en tanto que colectivas, entidades que se han formado gracias a un proceso de crecimiento interno, conflicto y autodefinición, en el que los entes externos desempeñan un papel secundario.

En segundo lugar, no es cierto que las naciones y los pueblos europeos se formaran mediante algún tipo de confrontación colectiva con el mundo islámico. Históricamente, la aparición más importante de «el otro» fue de hecho la de otros Estados —como bien muestra la historia de Gran Bretaña, Francia y Alemania—, o la de las colonias ultramarinas, en el caso de potencias coloniales como España, Portugal, Gran Bretaña, Francia o los Países Bajos. Incluso en aquellos países más cercanos y a veces ocupados íntegra o parcialmente por los imperios árabe u otomano, como son Grecia, Serbia, Italia y España, la importancia del componente islámico en la formación de su identidad cultural es, a lo sumo, secundaria. Un estudio histórico de las relaciones internacionales —es decir, interestatales— europeas durante los últimos siglos revela, por el contrario, que el mundo islámico no fue en ningún momento «el otro», sino más bien, como en el caso del Imperio otomano, un participante más en las cambiantes alianzas diplomáticas europeas y, a partir del siglo XIX, un objeto de dominación colonial o semicolonial.

Pakistán. Estado constituido en 1947, tras la división de la India británica en Estados musulmanes y mayormente hindúes. El origen del nombre se cifra unas veces en el término urdu y persa *pak* (puro), y otras, en el acrónimo de las principales provincias que comprende: Punjab, Cachemira (*Kashmir*) y Sind. Uno de los objetivos esenciales que se marcaron los fundadores de Pakistán fue el de liberar a los musulmanes surasiáticos de lo que ellos mismos denominaron el «imperialismo árabe».

paria. Voz de origen tamil. En principio, aludía a la casta que se encargaba de oficios sucios como el curtido o la zapatería; más tarde, adquirió el sentido de «marginado». En el ámbito de las relaciones internacionales de los noventa, el término se aplicó a aquellos países con los que Estados Unidos tenía graves conflictos en materia de seguridad nacional, es decir, a Irán, Irak, Corea del Norte y Afganistán.

Partido Socialista Yemení (PSY). En árabe, *al-Hizb al-Ishtiraki al-Yamani*. Partido fundado en junio de 1965 con el nombre de Frente Nacional para la Liberación de Yemen del Sur. Llegó al poder en Yemen del Sur en noviembre de 1967, y en 1978 se transformó en el PSY. El de Yemen es el único régimen árabe que promovió un socialismo científico al estilo soviético. El PSY apoyó movimientos revolucionarios contra los gobiernos de Yemen del Norte, Omán, Etiopía y Arabia Saudí, pero se debilitó a raíz de las disputas entre facciones de 1969, 1978 y 1986 (esta última se saldó con varios miles de víctimas). En mayo de 1990 se fusionó con el partido conservador de Yemen del Norte, y resultó derrotado en la guerra civil yemení librada entre abril y junio de 1994. Hoy conserva en Yemen una existencia semilegal.

pastunes / pajtunes / pashtús. Comunidad lingüística, organizada en distintas tribus, que integra a un 40% de la población de Afganistán y de la provincia fronteriza noroccidental de Pakistán. Las principales ciudades pastunes son Kandahar y Jalalabad, en Afganistán, y Peshawar, en Pakistán.

Pastunistán / Pajtunistán / Pashtunistán. Territorio pakistaní reclamado por todos los Gobiernos afganos que se han sucedido desde la independencia de Pakistán, en 1947. Afganistán ha impugnado en repetidas ocasiones la frontera definida en 1983, conocida como «línea Durand».

patrocinio estatal. Expresión con la que se afirma o se infiere la responsabilidad de ciertos Estados —por lo general, Estados de Oriente Próximo enfrentados con las potencias occidentales o, en tiempos de la guerra fría, la URSS y sus aliados— en las acciones llevadas a cabo por grupos terroristas. Muy empleada después del 11 de septiembre por aquellos que aseguraban que Al Qaeda contaba con el patrocinio de varios Estados de Oriente Próximo además del de Afganistán, entre los que se mencionaron a Irán, Irak y Siria. El asunto ha sido objeto de una controversia tal vez excesiva, pues el patrocinio estatal de grupos terroristas es en realidad una práctica corriente de la que tenemos ejemplos numerosísimos, entre los cuales cabe citar, en la propia Europa, el apoyo de la República Democrática Alemana a grupos terroristas de extrema izquierda durante la guerra fría.

En todo caso, cualquier balance del apoyo estatal prestado al terrorismo en Oriente Próximo desde 1980 hasta hoy no debería incluir únicamente a Estados enfrentados a Estados Unidos, como

Libia (país que, tras los bombardeos estadounidenses de 1986 en Trípoli, proveyó al IRA de cientos de toneladas de armas y explosivos), sino también a aliados estadounidenses como Arabia Saudí e Israel, países que han prestado apoyo a grupos ilegales, guerrilleros y militares (en Afganistán y en Líbano), así como al propio Estados Unidos, que bajo la llamada «doctrina Reagan» de los años ochenta financiaron a grupos terroristas ultraderechistas de Angola, Nicaragua y también de Afganistán.

PDPA. Partido Democrático Popular del Afganistán (en persa, *Hizbi Demokrati Jalqi Afganistan*). Partido comunista que fundado en 1965 gobernó Afganistán entre 1978 y 1992. Los sucesivos líderes del partido fueron Nur Mohamed Taraki (1978-1979); Hazifulah Amin (1979); Babrak Karmal (1979-1986); y Nayibulah (1986-1992). Taraki fue asesinado en octubre de 1979 por Amin, que moriría a manos del ejército soviético en diciembre de 1979; Karmal fue destituido por influencia soviética en 1986 y murió poco después, exiliado en Moscú; Nayibulah fue derrocado por los muyahidines en abril de 1992 y se refugió en la sede de la ONU en Kabul, donde vivió cuatro años, hasta que en septiembre de 1996 los talibanes tomaron la capital, lo apresaron, lo torturaron y lo colgaron junto a su hermano. Durante los años 1978 y 1979, dominó el partido la facción del *Jalq* («el Pueblo»); desde 1979 y hasta 1992, se impuso la facción del *Parcham* («la Bandera»).

perceived liberal bias (tendencia liberal percibida). Expresión de la derecha estadounidense de uso frecuente en los medios. La palabra *percibida* trata de conferir a la valoración cierta verosimilitud u objetividad.

permitted Arabic words (palabras árabes permitidas). Lista de términos árabes o islámicos que se les permite usar verbalmente a los prisioneros de las cárceles británicas para comunicarse con sus familias o abogados. El reglamento penitenciario británico establece que los presos no deben hablar otro idioma que el inglés, pero tras un proceso de negociaciones entre las autoridades penitenciarias y los representantes de la comunidad musulmana, se aceptó el uso de algunas expresiones habituales como *asalamu aleikum* («la paz sea contigo», el saludo musulmán habitual) o *inshalah* («si Alá quiere»).

Petróleo por Alimentos. Programa lanzado por el Consejo de Seguridad de la ONU en 1996, que permitía a Irak exportar una cantidad estipulada de petróleo e importar a cambio, bajo supervisión de la ONU, alimentos y otros productos de primera necesidad. Más adelante, este programa se asociaría al caso de corrupción a gran escala de los departamentos de control, compras y administración de las Naciones Unidas, y a la elusión sistemática de las normas por parte de Irak mediante una práctica conocida como «los cupones de Sadam», por la que el petróleo se suministraba a socios iraquíes en el extranjero que se quedaban con un porcentaje de las ventas en compensación por el reintegro a Irak de ingresos no declarados.

Plan Sahel. Programa estadounidense de capacitación creado en 2004 para combatir el terrorismo en el norte de África. Se ha implantado en Chad, Mali, Mauritania y Níger, y cuenta con la participación de Marruecos, Túnez y Argelia. El objetivo del programa es la disposición de barreras preventivas que frenen el avance de las redes terroristas en el continente africano.

planes de reconocimiento. Nombre que se da en el ámbito del contraterrorismo a las tareas de reconocimiento de posibles objetivos y acopio de fotografías, mapas, vídeos y demás información relevante, llevadas a cabo por presuntos (o conocidos) terroristas.

También se asocia a otras formas de intimidación que no se orientan a la planificación real de un atentado y que son practicadas por grupos terroristas como el IRA.

prejuicio de cortesía. Descripción de un tipo de racismo antisemita indirecto, pero muy extendido en las sociedades occidentales.

politicidio. Término usado por el sociólogo israelí Baruch Kimmerling para aludir a los planes del Gobierno de Sharon para acabar con Palestina como entidad política viable: «Esto implica una estrategia político-militar, diplomática y psicológica, orientada a la liquidación del pueblo palestino como legítima entidad económica, política y social» (*Le Monde Diplomatique*, edición española, junio de 2004). Cf. arabicidio, genocidio, holocausto, judeocidio, magnicidio, *shoah*.

positive domino theory (teoría del efecto dominó positivo). Hipótesis neoconservadora estadounidense según la cual el derrocamiento del régimen baazista iraquí generaría una ola democrática que barrería todo el mundo árabe.

posislamista. Calificativo aplicado a partidos islamistas como el AKP (Adalet ve Kalkinma Partisi o Partido de la Justicia y el Desarrollo) de Turquía, liderado por el primer ministro Tayyip Erdogan. Después de sufrir reveses como la destitución militar del entonces primer ministro Necmettin Erbakan, boquifresco líder del partido precursor, el Partido del Bienestar, el AKP moderó su programa ideológico, renunció a la violencia y luchó por el poder a través de las elecciones y las vías políticas constitucionales. En lugar de islamista, el AKP se definió como un partido demócrata conservador.

postsionismo. Crítica de la historia de autojustificación israelí durante los años cuarenta y cincuenta, así como del carácter judío de la política y la sociedad israelíes, elaborada en la década de los noventa por diversos escritores israelíes. (Véase Efraim Nimni ed., *The challenge of Post-Zionism*, Zed Press, Londres, 2003.)

potential marriage (matrimonio potencial). Alusión de la administración Bush a la posible, aunque no demostrada, alianza entre el régimen de Sadam Husein y Al Qaeda.

pre-emption. En el habla política estadounidense, «tomar la delantera», es decir, tomar medidas contra un enemigo que, según indicios razonables, está a punto de atacar. La «prevención», por el contrario, implica el ataque a un enemigo que pudiera atacar en un futuro impreciso. Ejemplos célebres de «prevención» son los esfuerzos estadounidenses por mantener la supremacía nuclear durante la guerra fría y no permitir que la URSS alcanzara nunca un nivel armamentístico equiparable, al tiempo que se pregonaba la «superioridad» nuclear soviética; algo similar al estallido de la guerra del Peloponeso, cuando Esparta atacó a Atenas por «temor al creciente poder» de ésta (Tucídides). En cualquier caso, el uso estadounidense actual del término *pre-emption* es poco apropiado, pues Irak no estaba a punto de atacar, como tampoco lo estaban Irán o Corea del Norte. En estos casos debería hablarse de «prevención».

pretzel of preposterousness (*pretzel* del escándalo). Más adelante conocido como «arco de la democracia». Cf. triángulo del terror.

prisoner abuse (maltrato a prisioneros). Eufemismo habitual de tortura y crímenes de guerra. Expresión muy frecuentada después de que saliera a la luz la forma en que los soldados estadounidenses trataban a los prisioneros iraquíes de la cárcel de Abu Ghraib.

private warrior (soldado autónomo). También llamado «contratista autónomo de seguridad». Eufemismo de mercenario.

Project for a New American Century (Proyecto para un Nuevo Siglo

Estadounidense). Nombre del gabinete estratégico de derechas que diseñó la agenda neoconservadora de la administración Bush. Entre sus miembros se encontraban Donald Rumsfeld y Paul Wolfowitz, secretario y vicesecretario de Defensa, respectivamente, durante el primer mandato de George W. Bush.

psychotic and paranoid (**psicótico y paranoico**). Calificativos que empleó el ministro de Exteriores británico Jack Straw en noviembre de 2001 para describir a Osama Bin Laden. Como ya señalaron algunos críticos en su momento, el ministro debió de confundir el término *psicótico*, aplicado a individuos que a veces padecen de una identificación extrema con la miseria de los que les rodean, con *psicópata*, referido a los que se sienten totalmente ajenos al sufrimiento del prójimo.

público islámico. Expresión acuñada por el historiador alemán Reinhard Schulze para referirse al florecimiento, desde el siglo XIX hasta nuestros días, de una élite cultural musulmana bien informada que lee libros y periódicos o, en términos más generales, de un colectivo musulmán supranacional que está al corriente de los asuntos de interés común. (Véase su libro *A modern history of the Islamic world*, I. B. Tauris, Londres, 2002.) Cf. *umma*.

pundit. Comentarista instantáneo de los medios. Palabra derivada del sánscrito *pandita* (hombre instruido, erudito). En particular, se aplicó a los asesores en ley hindú de los tribunales británicos de la India colonial.

al-Qasam, Ezedin. Predicador y activista social egipcio de la Hermandad Musulmana que se convirtió en uno de los cabecillas de la guerrilla palestina y fue asesinado en vísperas de un alzamiento popular contra la ocupación judía y británica de Palestina. Es muy invocado por combatientes palestinos posteriores como símbolo de la primera resistencia armada a la presencia judía.

15 de *shaban*. Fecha del calendario islámico que señala el día de marzo de 1991 en que se produjo el levantamiento popular iraquí contra Sadam Husein motivado por la derrota en la guerra del Golfo.

Rabei Osman al-Sayed Ahmed. Ciudadano egipcio nacido el 22 de julio de 1971. Era ya un especialista en explosivos antes de ser entrenado en un campo de Al Qaeda en Afganistán. Fue arrestado en Milán el 7 de junio de 2004. También conocido como Mohamed el Egipcio o, simplemente, el Egipcio. Muy bien conectado con grupos islamistas de toda Europa, llegó a España en 2003 y se cree que fue uno de los principales organizadores de los atentados del 11 de marzo de 2004 en Madrid. Se ha dicho que en el momento de su detención podría haber estado preparando un nuevo atentado, posiblemente en el metro de París, con 145 kilos de explosivo y teléfonos móviles como detonadores.

al-rais. En árabe, «el presidente». Tratamiento aplicado en los años cincuenta y sesenta al presidente egipcio Gamal Abdel Nasser y, en los noventa, al presidente de la Autoridad Nacional Palestina, Yasir Arafat. Uno de los muchos títulos oficiales conferidos a líderes de Oriente Próximo (otro ejemplo ilustre es el de *al-aj al-Aqid*, «el hermano coronel», con el que se conoce al presidente libio Muammar el Gaddafi).

ramadán. Noveno mes del calendario islámico. Período en el que los musulmanes ayunan y se abstienen de toda actividad sexual desde el amanecer hasta el crepúsculo. Se suele asociar a reuniones de familia y a visitas sociales nocturnas en las que, a menudo, se cocinan comidas especiales. También se asocia a algunas de las batallas más sangrientas de la historia islámica reciente, como la llamada Operación Badr, una ofensiva egipcia llevada a cabo en octubre de 1973, durante la guerra árabe-israelí, o los combates más duros de la guerra iraní-iraquí (1980-1988).

ranger. Nombre anterior a 1776 para los soldados irregulares estadounidenses que hoy se aplica a las fuerzas especiales de asalto. Los *ranger* no son exactamente equiparables a los SAS[1] británicos, pues son una fuerza más numerosa, menos de élite.

raspberry (pedorreta). Expresión que empleó el funcionario del gobierno británico John Morrison, asesor del Comité de Inteligencia y Seguridad (CIS) del Parlamento, para describir su reacción a la afirmación de Tony Blair de que Irak constituía una «grave amenaza» para el Reino Unido. Poco después, la BBC reprodujo la frase textual de Morrison: «Cuando le escuché pronunciar esas palabras, casi pude oír la pedorreta colectiva que barría Whitehall».[2] Tras la retransmisión de este programa se le dio a Morrison un plazo de noventa días para abandonar su cargo en el CIS.

raw intelligence (información en bruto). Como sabe cualquier estudiante de filosofía de las ciencias sociales, no existen ni hechos *puros* ni información *en bruto*. Sin embargo, este término de apariencia inofensiva se ha empleado con frecuencia en alusión a la información de los servicios de inteligencia que aún no ha sido analizada o presentada en un informe a los dirigentes políticos.

rearrange wiring diagrams (reorganizar el diagrama de conexiones). Expresión ilustrativa de los elaborados y molestos planes de reestructuración de los servicios de inteligencia estadounidenses, ideados con vistas a anular o restar importancia a la CIA tras

---

1. Acrónimo de *Special Air Service*, nombre oficial de las fuerzas especiales británicas. (*N. del T.*)

2. Calle londinense donde se encuentran las principales dependencias gubernamentales británicas. (*N. del T.*)

el informe de la Comisión del 11-S y otras investigaciones oficiales.

refusenik. Nombre genérico que se aplica en Israel a los reclutas que se niegan a cumplir su servicio militar en Cisjordania y Gaza, a los que se juzga y se condena a penas de cárcel. No deben confundirse con los *dispensados*, aquellos reclutas que eluden incorporarse a filas aduciendo problemas de salud, reales o fingidos. La palabra deriva de *otkazniki*, término soviético que en los años setenta se aplicó a los judíos rusos que querían emigrar a Israel y a los que, tras denegarles el visado, se les negaba el derecho al empleo y se les perseguía de muy diversas formas. Los vuelos directos entre la URSS e Israel con emigrantes judíos no comenzaron hasta octubre de 1991, después del golpe de Estado fallido en Moscú.

regime change (cambio de régimen). Denominación neoconservadora del derrocamiento de regímenes hostiles. La expresión deriva en parte del derrumbe del comunismo en Europa del Este (1989-1991).

rendition (entrega). En su uso estadounidense posterior al 11 de septiembre, alude al traslado de supuestos terroristas apresados a países como Egipto, Pakistán o Siria, realizado sin juicio previo y a sabiendas de que, en dichos países, la tortura durante los interrogatorios está a la orden del día.

renegado. En expresiones como «clérigo renegado», el uso de este término es indistinto al de «buscado» o «radical», calificativos que se han aplicado en numerosas ocasiones al clérigo chií extremista iraquí Muqtada al-Sadr. *Renegado* es un término despectivo de origen portugués que en tiempos de las colonias aludía a los esclavos huidos; en el siglo XIX se usó para designar a los indios americanos que se negaban a aceptar la autoridad de los colonos.

reticencia inversora. Empalagoso término con el que la prensa económica alude a la renuncia del inversor a confiar su dinero a países cuya élite política se dedica a robar al sector privado y se niega a ofrecer garantías de transparencia, legalidad y estabilidad económicas.

rodef. En hebreo, «perseguidor». Término despectivo de carácter religioso con el que se denuncia a aquellos judíos que se apartan de la fe y merecen, por tanto, ser ejecutados. Muy usado a principios de los noventa para atacar a Isaac Rabin e incitar a su asesinato.

al-sakina. En árabe, «armonía». Unidad en Alá, evocadora de un estado místico que a veces conduce a la autoinmolación. Término empleado en los grupos de formación de la juventud islámica en el Reino Unido.

salafismo. Movimiento fundado en las postrimerías del siglo XIX que venera a los «antepasados piadosos» (*salaf al-salihin*) del islam. En sus comienzos, el salafismo fue una tendencia modernizante asociada a reformadores islámicos como Yamal al-Din al-Afgani y Muhammad Abduh, pero a partir de 1970, se convirtió en un movimiento conservador islamista con seguidores en todo el mundo árabe, sobre todo en la península Arábiga.

Salman Pak. Ciudad cercana a Bagdad que supuestamente albergaba un arsenal nuclear y fue bombardeada repetidas veces por las fuerzas aéreas occidentales. La ciudad lleva el nombre de Salman al-Farisi, buen *ansar* (colaborador) del profeta Mahoma y el primer persa que se convirtió al islam y que, además, está enterrado en esta ciudad.

saudización. Al igual que «bahreinización», «emiratización» u «omanización», alude a una política orientada a la sustitución de la mano de obra extranjera por la nacional. A pesar de los esfuerzos estatales consagrados a este proceso de cambio, tanto las empresas locales como las extranjeras se han resistido a colaborar.

security moms (mamás de seguridad). Variante de *soccer moms*.[1] Sobrenombre aplicado a las votantes de Bush durante las elecciones de 2004 que basaron su apoyo en la preocupación que les causaba la seguridad de sus hijos después del 11 de septiembre.

seis más dos. Proceso de negociación de la Organización de las Naciones Unidas (ONU) iniciado en 1993, mediante el que Estados Unidos, Rusia y los seis países limítrofes de Afganistán (China, Pakistán, Irán, Turkmenistán, Uzbekistán y Tayikistán) trataron de poner fin por vía diplomática al conflicto en Afganistán y en torno a sus fronteras.

selling the threat (vender la amenaza). Expresión estrechamente vinculada al concepto de *threat inflation* (inflación de la amenaza). Promoción gubernamental de la opinión pública favorable a las medidas militares mediante el fomento de análisis alarmistas de la situación política internacional. En particular, se refiere a las estrategias de los gobiernos de EE UU y el Reino Unido para conseguir el respaldo popular a la guerra de Irak de 2003.

semijudío. Condición defendida por aquellas personas con padre judío y madre gentil que reclaman la ciudadanía judía sin éxito, pues el Estado israelí mantiene que la única ascendencia étnica válida es la que marca la línea materna. Al autodenomi-

---

1. *Soccer moms* o «mamás del fútbol» es el sobrenombre despectivo con el que se conoce en Estados Unidos al colectivo de mujeres con hijos en edad escolar, cuya única responsabilidad y preocupación consiste, típicamente, en llevar en coche a sus niños a jugar al fútbol. En Estados Unidos el fútbol se considera un deporte más seguro y delicado que el fútbol americano, deporte éste mucho más arraigado en la cultura estadounidense. *(N. del T.)*

narse así, este colectivo se opone a la afirmación ortodoxa de que «no se puede ser semijudío». Existe una página web dedicada al tema (www.halfjew.com) en la que se publican testimonios de personas que se hallan en esta situación, así como denuncias por parte de aquellos que defienden la postura oficial.

señales. Mensajes divinos de los que figuras históricas como Juana de Arco (1412-1431) o George W. Bush (n. 1946) aseguraron en su momento haber sido los destinatarios.

serious doubts (serias dudas). En la jerga oficial del Gobierno británico equivale a la más absoluta incredulidad. La expresión se cita textualmente en el informe del Comité Butler, para referirse a las que tenían los agentes que el MI6[1] desplegó en Irak antes de la invasión de 2003.

sexed-up (subido de tono). Dulcificada expresión británica vinculada a la «inflación de la amenaza» y a la exageración de los informes de los servicios de inteligencia. La usó, entre otros, el reportero de la BBC Andrew Gilligan, en un reportaje de 2002 en el que afirmaba que el Gobierno de Downing Street había exagerado el potencial iraquí de ADM. El empleo de este calificativo da a entender que la cosa —o persona— a la que se aplica, en este caso la información de los servicios de inteligencia, tiene un papel completamente pasivo, cosa que, desde un punto de vista antropológico, resulta harto improbable. (La fuente de Gilligan, el experto en armamento David Kelly, se suicidó poco después del reportaje; la investigación ulterior que dirigió lord Hutton para esclarecer las circunstancias de la muerte de Kelly fijó la atención de los medios en su testimonio sobre la información subida de tono de los servicios de inteligencia. El informe

---

1. Departamento de inteligencia británico. (*N. del T.*)

Hutton exoneró al Gobierno de toda culpa, y Gilligan dimitió.)

sharia. Término árabe de la misma raíz que *shari* (calle). Tradicio-
nalmente referida a la ley islámica de sanción divina, la *sharia*
es hoy esgrimida por el fundamentalismo a modo de talismán,
aunque no tiene base histórica o canónica de ninguna clase. La
invocación actual de la *sharia* a menudo confunde los ochenta
versos de entre los seis mil del Corán que conciernen al derecho —y que, al ser palabra de Alá, pueden considerarse de pres-
cripción divina— con el cuerpo legal islámico en su conjunto
(*fiqh*). Así, la *sharia* ha venido a englobar los versos del Corán,
los *hadices* (dichos del Profeta), la *sunna* (recopilación de los
hechos del Profeta) y la jurisprudencia posterior. Con estos referentes añadidos, no obstante, esta ley no puede considerarse
sancionada por Alá.

shell game (trile). Juego callejero de apuestas que consiste en adi-
vinar en qué lugar de tres posibles se encuentra una pieza o una
carta. Término metafórico de los tiempos de la guerra fría al que
acudieron los funcionarios del Gobierno estadounidense para
describir el presunto traslado de equipamiento militar prohibido
y documentación adjunta de un lado a otro de Irak a fin de des-
pistar a los inspectores de la ONU.

shock and awe (conmoción y sobrecogimiento). Expresión militar
estadounidense muy oída entre los años 2001 y 2003 que alude al empleo de una fuerza militar implacable contra el enemigo,
en este caso Irak. El recurso a esta medida sobreestima en gran
medida la conformidad de la población afectada. (Véase el mito
100.)

shoah. En hebreo, «catástrofe». Se emplea habitualmente en alusión
a lo que también ha sido llamado «holocausto» o «judeocidio».
A diferencia de *holocausto*, se trata de un término sencillo, neutral

y laico, sin ecos religiosos, místicos o providenciales de ninguna clase. *Shoah* es también el título del célebre documental que Claude Lanzmann rodó en los setenta y estrenó en 1985. Cf. arabicidio, genocidio, holocausto, judeocidio, magnicidio, politicidio.

silver bullet (bala de plata). En inglés estadounidense, una solución excepcional, absoluta o mágica. La expresión proviene de las historias del Llanero Solitario, en las que la «bala de plata» era el sello característico del héroe (y un símbolo de que la vida era tan preciosa como la plata), y también de la leyenda del hombre lobo, según la cual sólo una «bala de plata» puede dar muerte a la bestia. En tiempos recientes la expresión ha sido objeto de un abuso constante para referirse a la imbecilidad del enemigo, como en la declaración ante la Comisión del 11-S de Condolezza Rice, entonces consejera de Seguridad Nacional, en la que ésta afirmó que no existía ninguna «bala de plata» para evitar los atentados del 11 de septiembre.

Sión. Término metonímico que designa el todo por la parte. Monte al sur de las puertas de Jerusalén; el nombre pasó a aludir a toda la ciudad y, más tarde, a la tierra física y a veces también espiritual que reclamaban los nacionalistas judíos.

sionismo. Corriente moderna de nacionalismo judío, fundada en 1897 en la Conferencia Mundial Sionista de Basilea (Suiza), sobre los principios sentados por Theodor Herzl en su libro *Der Judenstaat* (*El Estado judío*). Originariamente, el movimiento sionista se orientó al establecimiento de un Estado judío en Palestina. En su uso posterior, el término ha adquirido múltiples significados que es preciso distinguir:

1) La ideología y el movimiento histórico ya citados, que en-

tre 1897 y 1948 se propusieron la fundación de un Estado judío en Palestina.

2) Desde 1948, el colectivo de simpatizantes de dicho Estado judío y de su preservación, ya sean judíos o gentiles.

3) En un sentido peyorativo, el término ha sido usado por fascistas y antisemitas europeos y norteamericanos, así como por la retórica política de gran parte de Oriente Próximo, para referirse a una supuesta comunidad secreta de conspiradores judíos. Este racismo fantasioso divulga la existencia de una conspiración mundial («sionista») como la que se describe en la obra apócrifa antisemítica *Los protocolos de los sabios de Sión*.

slam dunk case (incontestable). En el argot del baloncesto, el *slam dunk* es un mate, un enceste enérgico, incontestable, en el que el jugador no suelta el balón hasta que está dentro del aro y lo acompaña canasta abajo. La expresión fue empleada en diciembre de 2002 por George Tenet, entonces director de la CIA, en su respuesta a la pregunta de George W. Bush sobre la calidad de la información de los servicios de inteligencia y la probabilidad de que Irak poseyera ADM.

smoking gun (pistola humeante). En Estados Unidos se alude con esta expresión al hallazgo de una prueba incontrovertible con la que se da por concluida una polémica o una investigación. Condolezza Rice hizo un mal uso metafórico de esta expresión al justificar el uso preventivo de las armas contra Irak y evitar así que la amenaza tomara proporciones nucleares: «No queremos que la pistola humeante se convierta en un hongo atómico».

sole source contracts (contratos exclusivos). Eufemismo para la asignación indebida de contratos a amigos y compinches, sin licitación pública de ninguna clase. Aplicable al caso de la empresa de servicios Halliburton, contratada por el gobierno de Estados Unidos tras la guerra de Irak de 2003. Según datos de los auditores de la administración estadounidense, sólo durante el año fiscal de 2004 los costes de la guerra excedían en 12.300 millones de dólares la estimación oficial del Pentágono. Cf. Halliburton.

SOS Acrónimo de *Save Our Souls* (salvad nuestras almas) utilizado como señal de petición de auxilio marítimo. En tiempos recientes también ha sido empleado por los predicadores de la mezquita londinense de Finsbury Park como acrónimo de «Supporters Of *Shariah*» (partidarios de la *sharia*).

Special Activities Division (División de Actividades Especiales). Unidad secreta de la CIA integrada por pequeños grupos paramilitares irregulares que rondan la media docena de hombres vestidos de paisano. En el 2001, cuando llevaba a cabo operaciones secretas en Afganistán, se calculó que contaba con unos ciento cincuenta miembros, entre soldados, pilotos y especialistas. La división dispone de helicópteros, de aviones y del *Predator*, un avión espía no tripulado.

specifics-free warning (alarma no especificada). Comunicado del Gobierno de Estados Unidos u otro país por el que se informa a la población de la inminencia de un atentado terrorista, sin especificar cómo o dónde tendrá lugar.

S/RES/678. Resolución del Consejo de Seguridad de la ONU de noviembre de 1990 que autoriza el empleo de «todos los medios necesarios» contra Irak. Esta disposición constituyó la base jurídica y política para la guerra de enero de 1991, en la que se expulsó a las tropas iraquíes del territorio kuwaití.

stand-up kind of gay (un tipo que da la cara). Con estas palabras describió George W. Bush a Tony Blair en una conferencia de prensa en abril de 2004, durante la visita de éste al rancho de los Bush en Crawford (Texas).

stress position (postura estresante). Una de las técnicas de interrogación aprobadas por el ejército de Estados Unidos en enero de 2003, que consiste en obligar a los prisioneros a permanecer sentados incómodamente o en cuclillas durante un máximo de cuatro horas. Cf. *mild noninjurious physical contact*.

suní. Del árabe *sunna*, literalmente, «tradición». Los suníes son el grupo religioso mayoritario del islam y suman el 90 % de la población musulmana mundial. Menos receptivos que otras comunidades a la interpretación y la innovación, se adhieren con firmeza a los textos sagrados y al restablecimiento de la autoridad política.

suq[1] o **bazar nuclear**. Término empleado por escritores estadounidenses en alusión a la política pakistaní de vender tecnología nuclear a otros países.

tagut. En la terminología coránica, «ídolo», objeto de adoración pagana que debe ser destruido por los fieles. El término ha sido muy empleado por islamistas modernos y especialmente por Jomeini para describir a sus opositores políticos (el sha, Abolhassan Banisadr, Jimmy Carter o Sadam Husein). De *tagut* deriva la palabra de uso general *taguti*, aplicada tanto a la élite secular como a su estilo de vida. Muchos escritores árabes emplean el término con el significado erróneo de «tirano» (*taguin*).

talibán. Del persa y pastún *taliban*, plural de *talib* (estudiante religioso). Nombre que adoptó el movimiento surgido en 1994 entre miembros de las *madrasas* deobandis de la India, que tomaron Kabul en 1996 y gobernaron Afganistán hasta 2001. El térmi-

---

1. *Suq*: en árabe, «mercado». (*N. del T.*)

no contrasta con el de los estudiantes (*doneshjuan*) de la línea del imán», un grupo de iraníes que tomó la embajada estadounidense de Teherán el 5 de noviembre de 1979.

tambaleante. En árabe, *mutamalmil*. Calificativo despectivo aplicado a los regímenes denunciados por los nacionalistas árabes. Cf. capitulacionista, derrotista, vacilante.

Tawhid wa Yihad (Monoteísmo y Yihad). Grupo islamista antioccidental y antichií, activo en Irak durante el año 2004. Se cree que está liderado por Abu Musab al-Zarqaui. El grupo denunció públicamente a Estados árabes y musulmanes como Arabia Saudí o Pakistán, que estudiaban el envío de tropas a Irak para ayudar a estabilizar el país.

técnicas de interrogación. Expresión de uso frecuente que se refiere a las formas de interrogatorio y tortura autorizadas por el general estadounidense Roberto Sánchez, que más tarde sería nombrado comandante en jefe de las tropas de Estados Unidos en Irak. Dichas técnicas incluyen la manipulación de la dieta de los prisioneros, el aislamiento durante más de treinta días, las vejaciones, el uso de perros durante las torturas, las «posturas de estrés» durante lapsos de hasta cuarenta y cinco minutos y la prohibición de cualquier símbolo religioso. Éstas son sólo algunas de las «técnicas» aplicadas en los interrogatorios de la cárcel de Abu Ghraib, escenario de las más graves violaciones de los derechos de prisioneros de guerra que se registraron durante la ocupación estadounidense de Irak.

Témara. Centro de detención situado a dieciséis kilómetros al sur de Rabat (Marruecos), en el que se confina y se interroga brutalmente a los sospechosos de crímenes de terrorismo. Depende de la Dirección de Vigilancia Territorial, una organización que no posee autoridad legal para realizar detenciones. El centro fue denunciado por un informe de Amnistía Internacional publicado en julio de 2004. Se calcula que después de los atentados de Casablanca en mayo de 2003, unas 7.000 personas fueron arrestadas en Marruecos.

teocracia. Literalmente, «gobierno de Dios». Término de uso equívoco, pues suele referirse a lo que propiamente debería llamarse *hierocracia*, «el gobierno ejercido por la clase sacerdotal en nombre de la religión».

Tercer Templo. Nombre del movimiento judío extremista y minoritario que tiene por meta la reconstrucción de un templo en el lugar donde antaño se erigía el Segundo Templo, destruido en el año 70 d.C. (lugar que hoy ocupa la mezquita de al-Aqsa). En los años cuarenta éste fue también el objetivo de Israel Eldad y una de las bases ideológicas del grupo terrorista Lehi (conocido también como «la banda de Stern»). En 2004 se supo que un grupo extremista estaba planeando estrellar un avión contra la mezquita de al-Aqsa para poder tirarla abajo y reconstruir el templo judío. Un problema que suele pasarse por alto en relación con la posible reconstrucción del templo es que la ley judía obligaría a recomenzar el sacrificio masivo de animales en el lugar donde se erigiera, tal y como prescribe la Biblia.

territorios en litigio. Eufemismo israelí concebido para desplazar la expresión «territorios ocupados» que se refiere a las tierras que se retuvieron ilegalmente en 1967, al término de la guerra de los Seis Días.

terror talk (argot del terror). El que ha surgido entre los adolescentes estadounidenses a raíz de los atentados del 11 de septiembre. En este argot, *ground zero* (zona cero) puede usarse para describir una habitación desordenada; los castigos escolares son *total yihad* (*yihad* total); *so September 10* (como el 10 de septiembre) alude a una preocupación de poca importancia; *your mama, Osa-ma* (tu mamá, Osama) es una expresión despectiva y «talibán», «terrorista» y «fundamentalista» son insultos habituales. (Véase «In times of Terror; teens talk the talk», *International Herald Tribune*, 20 de marzo de 2002.)

Terror triangle (triángulo del terror). Una de las muchas denomi-naciones geométricas pseudoestratégicas, empleadas por estra-tegas occidentales desde la guerra fría hasta nuestros días, en-tre las que destaca también la del «arco de crisis». El término aparece en el título de un libro de Shaul Shay, *The Red Sea Te-rror triangle: Sudan, Somalia, Yemen and islamic Terror*.

terrorismo. En árabe, *irhab* (literalmente, «intimidación»); en persa, *terrorizm*. El término tiene su origen en la Francia de 1795, cuando el Estado revolucionario francés instauró un régimen sanguinario conocido como «el Terror» para hacer frente a sus oponentes. Más tarde sería heredado por los bolcheviques, y en particular por Leon Trotski, que lo usaron como legitimación de sus acciones. Desde mediados del siglo XX comienza a referirse casi exclusivamente a los actos criminales realizados por grupos de la oposición: asesinatos, raptos, secuestros de aviones (a veces también de barcos o autobuses) con pasajeros civiles y atenta-dos a la población civil con bombas detonadas en edificios y lugares públicos.

terrorismo nuclear. Amenaza que hasta el 11 de septiembre no se consideraba plausible pero que desde entonces se ha tomado más en serio. El terrorismo nuclear alude a la posibilidad de que gru-pos terroristas se apoderen de armamento nuclear y preparen atentados con explosiones nucleares o bombas sucias.

Tora. Texto sagrado usado por las fuerzas religiosas y nacionalistas israelíes para legitimar sus políticas sociales y territoriales, como ilustra el eslogan de que «no puede haber Israel sin Tora». A pesar de la polémica jurídica y política suscitada por la Tora o por el Corán, nada impide que existan de hecho interpretaciones divergentes e igualmente legítimas de los textos sagrados.

Toulouse. Ciudad del sur de Francia donde se encuentra la fábrica AFZ, propiedad de Total Fina Elf, en la que, pocos días después del 11 de septiembre, se produjo la explosión de 300 toneladas de nitrato de amonio, que causó la muerte de treinta personas y daños por valor de 2.000 millones de euros. Tres años después del suceso, aún no se había esclarecido si la explosión fue accidental o fue obra de un radical islamista argelino que, según informes de la policía, trabajaba en la fábrica.

towelhead (cabeza entoallada). Insulto del inglés estadounidense que, en los años veinte, iba dirigido a surasiáticos de cualquier religión (incluyendo, por supuesto, a los *sijs*, que llevan turbante) y que hoy se dirige particularmente a los árabes o musulmanes.

traslado. Término en clave con el que se alude en Israel a la posible expulsión de palestinos de Cisjordania y la franja de Gaza.

trenes de la muerte.[1] Nombre que se dio a los trenes de cercanías que explotaron en los atentados del 11 de marzo en Madrid. Las víctimas eran, en su mayoría, gente humilde del extrarradio del sur de Madrid, que iba de camino al trabajo. Para un oído europeo, la expresión tiene un ligero eco de los trenes que se usaron para llevar a los judíos a los campos de exterminio nazis.

triángulo suní. Zona de Irak situada entre Bagdad, Faluya y Tikrit que, a diferencia del resto del país, de mayoría kurda o chií, cuenta con una población mayoritaria suní. El término fue acuñado en 1975 por el politólogo iraquí Abbas Kelidar para designar una

---

1. En español en el original. (*N. del T.*)

región de mayor extensión, que abarcaba las regiones de Mosul, Ratba y Bagdad.

ulema. Del árabe *ulema*, plural de *alim*. Sabio o persona versada en el *ilm* (conocimiento o ciencia). Se aplica a los clérigos musulmanes, también llamados *mulás*. El islam no cuenta con un equivalente del sacramento cristiano de la ordenación, y el clero islámico no posee una jerarquía tan bien definida como la del cristianismo. Cf. *ilm*, *mulá*.

umma. Comunidad formada por todos los musulmanes. El término aparece sesenta y dos veces en el Corán, donde se dice que, en el paraíso, la *umma* musulmana será sólo una minoría entre todos los presentes. En el discurso político moderno puede referirse tanto a la propia comunidad de musulmanes como al mundo árabe en general (*al-umma al-arabiyya*). Su uso contemporáneo, en todo caso, evidencia la aspiración a la unión de todos sus miembros en una sola comunidad política que englobe a todas las demás, pues el sentido de *umma* es más lato que el de *pueblo*, *nación* o *país*. De *umma* se derivan en árabe las palabras *internacionalismo* (*al-umamiyya*), *nacionalización* (*tamim*) o *Naciones Unidas* (*al-Umam al-Muttahida*). La misma raíz se puede encontrar en el término hebreo *am* (pueblo, nación).

vacilante. En árabe, *hair*. Término despectivo informal aplicado a Estados, clases (por ejemplo, a la pequeña burguesía de otros tiempos) o individuos cuyos hechos u opiniones contradicen el punto de vista del hablante. Cf. capitulacionista, derrotista, tambaleante.

viable. Este adjetivo se asocia con frecuencia a una expresión diplomática de gran importancia y significación: «Estado palestino viable». La expresión en sí misma no deja de ser una concesión que evita pronunciarse sobre las fronteras palestinas *legítimas* tras la expansión del Estado israelí en 1967, pero en un principio se prestó a una redefinición múltiple que, a la larga, no ha surtido efecto alguno. La búsqueda general de los criterios que hacían de un estado una entidad viable fue un rasgo característico de principios del siglo XX; desde entonces, sin embargo, diversos Estados sin base objetiva aparente para su supervivencia han logrado perdurar, ya sea a fuerza de ingenio o por casualidad (Singapur, Mónaco o las islas Caimán, entre otros), mientras que otros, avalados por argumentos de viabilidad natural, han salido peor parados (el Congo, por ejemplo).

viuda negra. Guerrillera chechena y/o terrorista suicida, como las que provocaron la explosión casi simultánea de dos aviones rusos en agosto de 2004, días antes de las elecciones presidenciales de Chechenia.

vocabulario de la Segunda Guerra Mundial. Del conflicto mundial que transcurrió entre 1939 y 1945 surgieron numerosos neologismos que han sido recuperados en conflictos posteriores: «apaciguadores», «los Aliados», «blitz»,[1] «churchilliano», etc.

vovchik. Variante de la palabra rusa *vahabobchik* (wahabí), nombre genérico que se dio a la oposición política musulmana encontrada en Afganistán, Asia Central y el Cáucaso Norte.

wahabismo. Término que se da en Occidente a la ideología oficial del Estado saudí desde su creación en 1902. En un sentido lato, se aplica a los movimientos políticos apoyados o presuntamente apoyados por Arabia Saudí. Fundado por Muhammad Abdul Wahab (1703-1787), el wahabismo se encuadra en la estricta escuela hanbalí de la ley islámica y es una de las tres corrientes principales del islam conservador suní, junto a la Hermandad

---

1. Bombardeo fulminante. En alemán, «relámpago». (*N. del T.*)

Musulmana y el movimiento deobandi. Abdul Wahab tildaba de
«infiel» y declaraba la *yihad* a todo aquel que discrepara de su
punto de vista, incluidos los musulmanes y en especial los chiíes.
Durante la conquista de Irak en 1802 y el renacer del movimiento
a principios del siglo XX, los wahabíes se dedicaron a destruir
santuarios y tumbas chiíes. A los descendientes de Abdul Wahab
se les conoce hoy como los Al Sheij (la familia del jeque). El
poder político, no obstante, recae sobre los Al Saud. En Rusia,
el término afín *vahabobchik* se aplica a cualquier grupo de la
oposición política musulmana. Cf. *muwahhidun, vovchik.*

war against terrorism (guerra contra el terrorismo). En el habla
estadounidense, expresión análoga a la de «guerra contra las drogas» o «guerra contra la pobreza». Versión exagerada de campaña, política o compromiso.

whatever it takes (lo que haga falta). En estos términos pidieron los
bomberos de Nueva York a George W. Bush que encontrara una
solución al problema del terrorismo durante la visita de éste a
las ruinas del World Trade Center poco después de los atentados del 11 de septiembre. La expresión ha sido recordada por el
propio Bush en muchos de sus discursos electorales, siempre
acompañada de la promesa de hacer de Estados Unidos un país
más seguro. Desde el punto de vista del derecho internacional
esta prerrogativa es algo excesiva.

yahiliyya. En árabe, «ignorancia». Término coránico con el que se
designa el período previo a la llegada del islam. En su uso moderno, ha sido empleado muy a menudo por líderes fundamentalistas —como el egipcio Sayyid Qutb, padre espiritual de Al
Qaeda— para aludir a los gobernantes árabes laicos y al mundo no musulmán, sobre todo al occidental. (Véase el mito 9.)

yerida. En hebreo significa «descenso» y designa la emigración de

Israel. El término complementario es *aliya* (ascenso). Los israe-líes que han abandonado el país son llamados *yeridim*. En un país donde abundan las estadísticas de cualquier cosa (excepto del número de cabezas nucleares), es significativo que no exista ninguna que contabilice el número total de *yeridim*. En 2004 se calculó que cerca de un veinte por ciento de la población habría abandonado el país a causa de la violencia continua, las luchas políticas intestinas y una renta per cápita bastante baja (del orden de 1.200 dólares al mes) si se compara con la de la mayoría de países occidentales.

yihad. En árabe significa «esfuerzo» y se refiere a actividades tan-to militares como políticas y espirituales. Los integristas le dan por lo general el significado de «lucha», que contrasta con el de *nidal*, de connotaciones laicas. A partir de la raíz de *yihad* se construyen los términos *muyahid* (en general, todo aquel que lucha por el islam de un modo u otro y, en su uso moderno, un activista político y militar) e *ijtihad* (opinión independiente de la ortodoxia islámica). Cf. *ijtihad*, muyahidín.

zabib. En árabe, literalmente, «uva pasa». Así se llama al callo dis-tintivo en la frente de un buen varón musulmán, símbolo de devoción causado por el contacto repetido de su frente con el suelo durante la plegaria. Esta marca también se conoce como «dinar de Alá» o *halat al-salah* (marca de la oración).

zapatos bomba. Los que llevaba el terrorista Richard Reid, deteni-do el 22 de diciembre de 2001 después de que intentara volar con ellos un avión que volaba de París a Miami. Reid había es-condido en sus zapatos una potente carga explosiva de triperóxi-do de triacetona. Él mismo declaró que había pagado 1.500 dólares por el material y había aprendido a fabricar la bomba por internet. Casualmente, el triperóxido de triacetona era el explosivo que utilizaba la CIA para entrenar a los muyahidines afganos. Expertos franceses aseguraron que Reid pudo haber preparado los materiales en su casa, pero el servicio de seguridad israelí insistió en que el explosivo era similar al que usaban los palestinos y afirmó que la complejidad de las bombas apuntaba a la existencia de otro conspirador. Richard Reid es un musulmán británico nacido en Londres.

al-Zarqaui, Abu Musab. Integrista musulmán jordano, presunto organizador de la mayoría de acciones militares de grupos suníes que se llevaron a cabo en Irak durante 2004, a través de Tawhid wa Yihad y otras organizaciones. Su retórica antioccidental suele ir salpicada de frecuentes incitaciones a la violencia contra los chiíes.

zelotes. En hebreo, *kanaim*. Fanáticos religiosos o nacionalistas. Así se llamó originariamente a los insurgentes judíos que se alzaron contra la dominación romana en el año 70 d.C., cuya derrota condujo a la destrucción del Segundo Templo y a la diáspora del pueblo judío. La tradición judía asocia el término a la violencia y la polémica innecesarias y a la resistencia suicida de la fortaleza de Masada.

zona cero. Término militar estadounidense aplicado al punto de impacto terrestre sobre el que tiene lugar una gran explosión aérea. Se acuñó en los albores de la era atómica y debió de aparecer por primera vez en letra impresa en el artículo del *New York Times* de 1946 que relató el lanzamiento de las bombas atómicas de Hiroshima y Nagasaki. En su uso común actual designa la superficie de cinco hectáreas y media de escombros que quedó tras el derrumbamiento de las Torres Gemelas de Nueva York ocasionado por los atentados del 11 de septiembre de 2001.

En mi libro Two hours that shook the world *(Saqi, Londres, 2001) se puede encontrar una versión reducida de este glosario. Con él he querido rendir un pequeño homenaje al difunto Raymond Williams, sociólogo, historiador y crítico de la cultura, y a su libro* Keywords: A vocabulary of culture and society, *publicado en 1976. Me siento asimismo en deuda con el* Evening Standard, *23 de octubre de 2001; Cyril Glassé,* The concise encyclopaedia of Islam, *Stacey International, Londres, 1989;* The Shorter Oxford English Dictionary; *y con Henry Yule y A. C. Burnell, por su* Hobson-Jobson. *También querría expresar mi agradecimiento a Jennifer Chapa, Paul Chamberlain, Lawrence Freedman, Julián Hernández y Dan Plesch, por la ayuda que me han brindado en la redacción de algunas entradas.*

ÍNDICE ANALÍTICO

Nota: Los números entre paréntesis remiten al lector al orden de aparición de cada mito en la obra

ÍNDICE ALFABÉTICO DE MITOS